KB147386

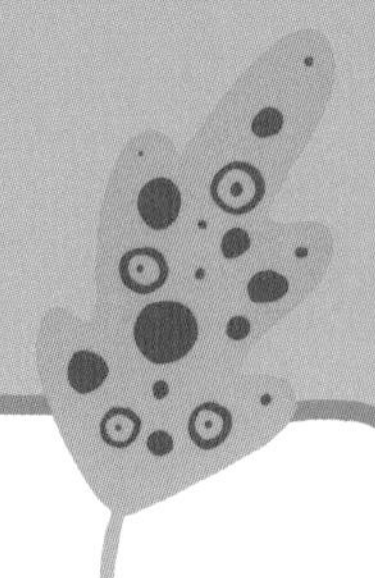

천리길도 어휘력부터

하루 하나 꺼내 먹는 관용어 따라 쓰기

펴낸일 2023년 11월 23일 초판 1쇄

지은이 에듀스토리
그림 황재윤
발행인 황영아
기획/책임 편집 임수정
디자인 루기룸
로고제작 도안글씨디자인연구소
펴낸곳 마카롱플러스 미디어
주소 서울시 광진구 아차산로 30길 36 2층 창업센터 102호
전화 02) 400-3422 **팩스** 02) 460-2398
출판등록일 2023년 5월 23일

ISBN 979-11-983377-2-6 64710
ISBN 979-11-983377-0-2 (세트)

* 잘못된 책은 구입처에서 바꾸어 드립니다.
* KC마크는 이 제품이 공통안전기준에 적합하였음을 의미합니다.

블로그 blog.naver.com/macaron_media
인스타그램 instagram.com/macaron.media
메일 media.macaron@gmail.com

천리길도 어휘력부터

하루 하나 꺼내 먹는 관용어 따라 쓰기

바르게 쓰는 습관은 무엇보다 중요합니다

스마트폰이 필수품이 되고, AI와 함께 호흡하며 살고 있는 시대입니다. 우리 아이들이 손으로 또박또박 글쓰기를 할 수 있는 시간은 현저하게 줄었습니다. 스마트폰 위에서 엄지 손가락을 부지런히 움직이는 것이 연필을 잡고 글 쓰는 것보다 더 익숙한 세대이니까요. 하지만 바르게 읽는 것과 바르게 쓰는 것은 바른 공부와 떼어서 생각할 수 없습니다. 특히, 바르게 쓰기는 초등 저학년에서 꼭 배워야 할 습관이죠. 그래서 에듀스토리는 쓰임새가 좋은 관용어를 바탕으로 천천히 읽고 쓰며, 흥미롭게 읽을 수 있는 콘텐츠를 만들어야겠다는 생각을 하게 되었어요. 천천히 따라 쓰다 보면 실생활과 연결된 언어 표현력도 높이고, 관용어와 관련된 많은 상식을 배우며 매일 집중하는 습관까지 갖게 될테니까요.

〈콩심콩 팥심팥〉시리즈는 어린시절 정성스럽게 뿌린 씨앗이 큰 열매가 되는 즐거운 경험을 선물합니다. 하루에 10분만 집중해 보세요. 한 달 뒤에는 삐뚤삐뚤했던 글씨도 예쁜 글씨로 교정되고, 어휘력과 표현력, 집중력도 향상된 모습을 발견할 수 있을 거예요. 〈콩심콩 팥심팥〉시리즈와 함께 어린이들이 뿌듯한 경험을 차곡차곡 쌓길 기대합니다.

에듀스토리

천리길도 어휘력부터

하루 하나 꺼내 먹는 관용어 따라 쓰기

글 에듀스토리 | 그림 황재윤

초등학생이 꼭 알아야 할 교과 연계 필수 관용어 50개를 선정했어요. 하루에 하나씩, 차곡차곡 어휘력을 쌓아 보세요. 어린이의 문해력과 사고력을 키워 주는 중요한 열쇠가 될 거예요.

01

간이 콩알만 해지다

▶ 몹시 두렵거나 무서워지다.

그 말이 그 말이라고?

늦은 밤 하루는 목이 말라 잠에서 깼어요. 근데 안방에서 '카악~, 크르르.'하는 괴물 소리가 들리지 뭐예요! 몹시 놀란 하루는 간이 콩알만 해졌어요. 너무 무섭고 떨렸지만 용기를 내서 안방문을 빼꼼 열었어요. '카악~, 크르르~.' 소리는 더 커졌어요! 하지만 아무리 둘러봐도 괴물은 없었어요. 대신 아빠가 괴물 같은 소리로 코골이를 하며 곤히 주무시고 계시지 뭐예요.

한마디로 이렇게?

영화 보다가 귀신 나오는 장면에서 간이 콩알만 해지는 줄 알았어.

'간에 붙었다 쓸개에 붙었다 한다.'는 말이 있어요. 이 말은 줏대 없이 오로지 자기의 이익에 따라 이리 붙었다 저리 붙었다 하는 사람을 두고 표현할 때 사용해요. 또 매우 겁 없고 대담한 사람을 두고 '간이 크다.'고 표현하기도 합니다.

14

01

재미있는 만화와 이야기로 관용어가 더욱 친밀해져요

관용어는 우리 생활에서 종종 만나는 매우 밀접한 표현이에요. 일상 속 상황을 통해 관용어를 친밀하게 만나 보세요.

02

관용어와 관련된 상식까지 배우며 한 뼘 더 성장해요

관용어 속에는 오랜 시간 쌓인 사람들의 지혜와 생각이 담겨 있어요. 관용어 속 과학 법칙, 생활 상식 등도 함께 배울 수 있도록 구성하였어요.

공부한 날짜 월 일 확인

따라 써 볼까?

간이 콩알만 해지다.

무슨 뜻일까?

몹시 두렵거나 무서워지다.

퀴즈로 풀어 볼까?

간이 ㅋ ㅇ 만 해지다.

공감 플러스+

• 너무 놀라서 간이 콩알만 해지는 것 같은 경험을 해 본 적이 있나요?

03
바르게 쓰는 습관과 집중력을 높여요

초등 때는 직접 또박또박 손으로 글씨를 써 보는 연습이 꼭 필요해요. 따라 쓰면서 집중력도 높이고 글씨를 바르게 쓰는 습관을 만들 수 있어요.

04
관용어 표현과 관련된 내 경험을 떠올려 봐요

내 경험 속에서 관용어와 관련된 사례를 떠올려 봅니다. 수동적으로 배우기만 하는 게 아니라, 스스로 생각해 보는 기회를 가져 봐요.

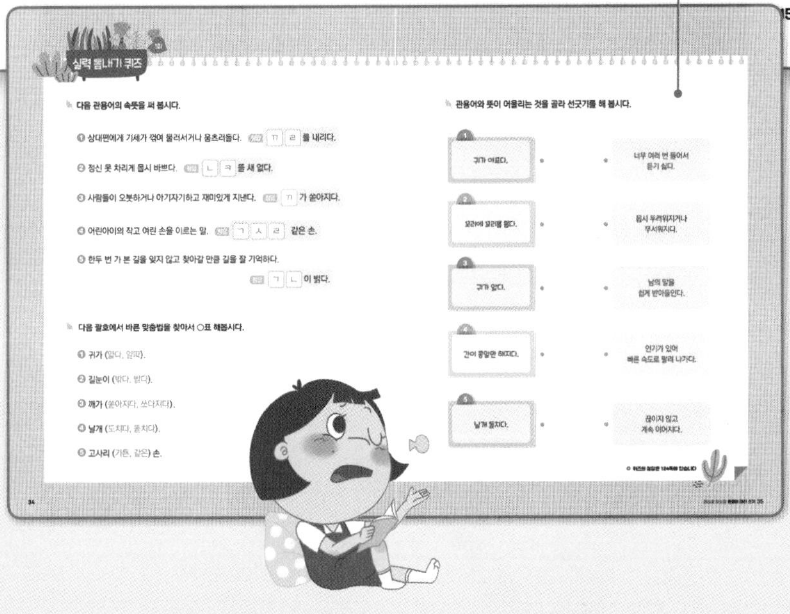

05
매 10일 차마다 퀴즈로 복습해요

배웠던 관용어의 뜻을 잘 기억하고 있는지, 따라 쓰기 연습을 통해 익힌 맞춤법 등은 잊지 않고 있는지 확인해 보아요. 초성 힌트 퀴즈, 헷갈리는 맞춤법 맞히기, 어울리는 뜻 연결하기로 완벽한 복습이 됩니다.

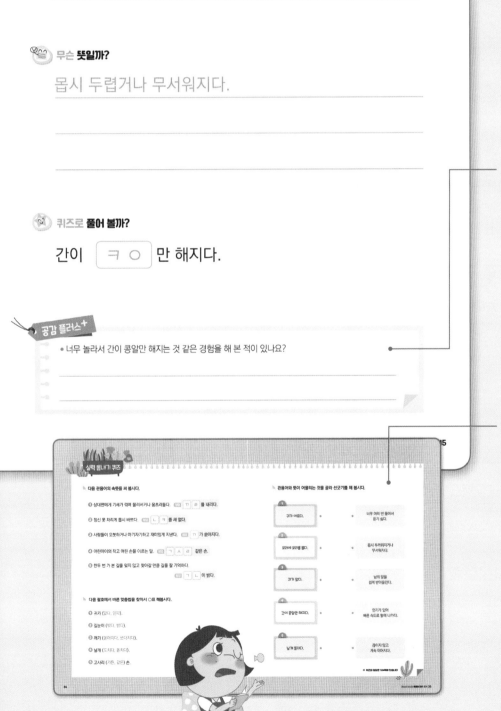

차례

01 간이 콩알만 해지다

몹시 두렵거나 무서워지다.

그 말이 그 말이라고?

늦은 밤 하루는 목이 말라 잠에서 깼어요. 근데 안방에서 '카악~, 크르르.'하는 괴물 소리가 들리지 뭐예요! 몹시 놀란 하루는 간이 콩알만 해졌어요. 너무 무섭고 떨렸지만 용기를 내서 안방문을 빼꼼 열었어요. '카악~, 크르르~.' 소리는 더 커졌어요! 하지만 아무리 둘러봐도 괴물은 없었어요. 대신 아빠가 괴물 같은 소리로 코골이를 하며 곤히 주무시고 계시지 뭐예요.

한마디로 이렇게?

영화 보다가 귀신 나오는 장면에서 간이 콩알만 해지는 줄 알았어.

한 뼘 플러스+

'간에 붙었다 쓸개에 붙었다 한다.'는 말이 있어요. 이 말은 줏대 없이 오로지 자기의 이익에 따라 이리 붙었다 저리 붙었다 하는 사람을 두고 표현할 때 사용해요. 또 매우 겁 없고 대담한 사람을 두고 '간이 크다.'고 표현하기도 합니다.

따라 써 볼까?

간	이		콩	알	만		해	지	다	.		

무슨 뜻일까?

몹시 두렵거나 무서워지다.

퀴즈로 풀어 볼까?

간이 [ㅋ ㅇ] 만 해지다.

공감 플러스+

- 너무 놀라서 간이 콩알만 해지는 것 같은 경험을 해 본 적이 있나요?

02 고사리 같은 손

어린아이의 작고 여린 손을 이르는 말.

그 말이 그 말이라고?

오늘은 5월 8일 어버이 날이에요. 콩심이는 아빠, 엄마에게 선물할 카네이션을 만드느라 진땀을 빼고 있어요. 아무리 열심히 따라 해 봐도 종이접기 책에 나온 것처럼 예쁘게 만들어지지 않아서 속상했어요. 하지만 아빠, 엄마에게 카네이션을 선물하자 두 분의 반응은 너무 뜨거웠어요! 엄마는 "어머나 세상에! 고사리 같은 손으로 어쩜 이렇게 예쁜 카네이션을 만들었지?" 하고 감탄하셨어요. 엄마가 카네이션을 들고 이리저리 포즈를 취하며 사진까지 찍으시자 덩달아 콩심이 기분도 뿌듯했어요.

한마디로 이렇게?

고사리 같은 손으로 송편을 빚는 동생이 너무 귀여워.

한 뼘 플러스+

고사리는 대표적인 산나물로, 특히 명절 식탁에서 종종 볼 수 있는 갈색의 기다란 나물이죠. '고사리 같은 손'은 어린 고사리의 끝부분에 말려져 있는 부분이 마치 어린 아이의 통통한 손가락 같다고 하여 만들어진 말이랍니다.

공부한 날짜
월 일 확인

따라 써 볼까?

고	사	리		같	은		손	.				

무슨 뜻일까?

어린 아이의 작고 여린 손을 이르는 말.

퀴즈로 풀어 볼까?

ㄱ ㅅ ㄹ 같은 손.

공감 플러스+

- 여러분의 고사리 같은 손으로 무언가를 만들어서 보람 있었던 경험을 생각해 보아요.

귀가 아프다

너무 여러 번 들어서 듣기 싫다.

그 말이 그 말이라고?

아침부터 엄마의 잔소리 폭격기가 쉴 새 없이 퍼붓기 시작했어요. "콩심이 일어났니?", "얼굴에 물만 묻히면 어떡해!", "콩 몰래 빼 먹지 말고.", "양치는 3분 이상 해야 된다니까." 학교 갈 준비를 마치고 집을 나서던 콩심이가 현관문 밖에서 문을 빼꼼히 열고 심각한 표정으로 말했어요. "엄마, 귀가 너무 아파요." 놀란 엄마는 "귀가 어떻게 아파? 어디 귀 좀 보자" 라며 콩심이에게 다가갔어요. 그러자 콩심이는 도망치며 말했어요. "그게 아니라 엄마 잔소리 때문에 귀가 아프다고요. 헤헤"

한마디로 이렇게?

언니가 좋아하는 아이돌 얘기를 너무 많이 해서 귀가 아플 지경이야.

귀는 소리를 듣는 기관이면서 몸의 균형을 잡게 도와주는 기관이에요. 속귀에 있는 반고리관과 안뜰기관이라는 두 평형기관이 몸의 회전과 기울기를 느껴서 균형을 유지하게 해 주거든요. 비행기나 배, 혹은 차를 탔을 때 멀미를 느끼는 것도 귀 속 기관이 흔들리면서 어지럼증이 발생하는 것이죠.

공부한 날짜
월 일 확인

따라 써 볼까?

귀	가		아	프	다	.						

무슨 뜻일까?

너무 여러 번 들어서 듣기 싫다.

퀴즈로 풀어 볼까?

귀가 ㅇ ㅍ ㄷ .

공감 플러스+

• 부모님께서 귀가 아프도록 반복해서 하시는 말씀이 있나요?

04

귀가 얇다

남의 말을 쉽게 받아들인다.

그 말이 그 말이라고?

한마디로 이렇게?

우리 아빠는 귀가 얇아서 큰일이야. 홈쇼핑에서 좋다고 하는 물건마다 혹해서 자주 사거든.

한 뼘 플러스+

귀와 관련된 재미있는 표현들이 많아요. 남이 자기 얘기나 험담 등을 하는 것 같을 때 '귀가 가렵다.' 혹은 '귀가 간질간질하다.'라고 말하고, 소식이나 정보를 잘 아는 경우에 '귀가 밝다.'라고 해요. 남의 말을 제대로 듣지 않고 하는 둥 마는 둥 할 때는 '귓등으로 듣다.'라고 합니다.

따라 써 볼까?

귀가 얇다.

무슨 뜻일까?

남의 말을 쉽게 받아들인다.

퀴즈로 풀어 볼까?

귀가 ㅇ ㄷ.

공감 플러스+

• 귀가 얇아서 남의 말에 이리저리 휘둘리다 후회해 본 경험이 있나요?

05

길눈이 밝다

한두 번 가본 길을 잊지 않고 잘 찾고 기억하다.

그 말이 그 말이라고?

우와~, 소방관 체험 어디지?
치과 앞에서 오른쪽으로 돌면 나와.
모델 체험 너무 해 보고 싶었어.
곧장 앞으로 20미터쯤 가면 딱 보일 거야.
팥심이 너 정말 길눈이 밝구나. 대단한데?
내 별명이 인간 내비게이션이지. 하하!
선생님체험
요리사체험
소방관

한마디로 이렇게?

아빠가 운전할 때는 내비게이션이 필요 없어. 한번 가본 곳은 절대 잊어버리지 않을 만큼 길눈이 밝거든.

한 뼘 플러스+

오늘날엔 지도앱이나 내비게이션을 이용하여 처음 가는 길도 쉽게 갈 수 있지만 얼마 전까지만 해도 새로운 길을 가려면 길에 대한 정보와 함께 방향 감각도 필요했어요. 한 번 가 본 길도 척척 찾아갈 만큼 길눈이 밝은 경우도 있지만, 반대로 여러 번을 가도 길을 잘 못 찾는 경우도 있어요. 이런 경우를 두고 '길눈이 어둡다.' 라고도 하고, '길치'라고 낮춰 표현하기도 해요.

공부한 날짜 월 일 확인

따라 써 볼까?

길눈이 밝다.

무슨 뜻일까?

한두 번 가본 길을 잊지 않고 잘 찾고 기억하다.

퀴즈로 풀어 볼까?

길눈이 ㅂ ㄷ .

공감 플러스+

• 여러분은 길눈이 밝은 편인가요? 어두운 편인가요?

깨가 쏟아지다

사람들이 오붓하거나 아기자기하고 재미있게 지낸다.

그 말이 그 말이라고?

주말 저녁 콩심이네 가족은 돼지갈비를 먹으러 식당에 갔어요. 고기가 노릇노릇 구워지기 기다리며 주변을 둘러봤는데, 건너편에 낯익은 얼굴이 보였어요. 콩심이 외삼촌이 여자친구랑 고기를 먹고 있는 거예요. 평소 무뚝뚝하고 무서운 삼촌이 집게와 가위를 들고 부지런히 고기를 굽고 자르고 있었어요. 심지어 고기를 쌈에 싸서 여자친구 입에 넣어 주기까지 하며 아주 깨가 쏟아지고 있었어요. 콩심이 가족 모두 낯선 외삼촌의 모습에 놀라서 입을 다물 수 없었어요.

한마디로 이렇게?

우리 부모님은 결혼한 지 십 년이 넘었는데도 여전히 깨가 쏟아져.

한 뼘 플러스+

고소한 맛을 내는 깨는 수확 시기를 놓치면 알맹이가 쏟아져 바닥으로 떨어진다고 해요. 깻단을 벨 때도, 바람에 말릴 때도 깨 알맹이는 곧잘 바닥으로 쏟아지곤 하지요. 농부들에겐 '깨가 쏟아지다.'라는 표현이 매우 속상한 일이겠네요.

공부한 날짜
월 일 확인

따라 써 볼까?

깨	가		쏟	아	지	다	.					

무슨 뜻일까?

사람들이 오붓하거나 아기자기하고 재미있게 지낸다.

퀴즈로 풀어 볼까?

깨가 ㅆ ㅇ ㅈ ㄷ .

공감 플러스+

- 엄마와 아빠의 깨가 쏟아지듯 다정한 모습을 본 적이 있나요?

꼬리를 내리다

▶ 상대편에게 기세가 꺾여 물러서거나 움츠러들다.

그 말이 그 말이라고?

무더운 여름날, 수박을 먹던 팥심이는 "언니, 수박이 채소인 거 알아?"라고 물었어요. 그러자 콩심이는 어이가 없다는 표정을 지으며 "나 놀리냐? 세상에 이렇게 달고 맛있는 채소가 어디 있어? 수박은 당연히 과일이지~."라고 큰소리 쳤어요. 그때 지켜보고 있던 엄마가 말했어요. "맛이 달다고 다 과일은 아니지. 땅 가까이에서 넝쿨을 이루면서 자라는 식물은 채소란다. 콩심이 좋아하는 수박, 토마토, 딸기, 참외들 모두 채소인데?" 그러자 목소리를 높이던 콩심이는 꼬리를 내리고 아무 일도 없었던 것처럼 다시 수박을 먹기 시작했어요.

한마디로 이렇게?

서로 목소리를 높여 싸우던 아이들이 선생님이 나타나자 바로 꼬리를 내리더라.

한 뼘 플러스+

사람에겐 꼬리가 없지만 동물들은 꼬리의 움직임으로 감정이나 메시지를 표현하기도 해요. 실제 강아지가 꼬리를 내리는 것도 위와 비슷한 상황이에요. 강아지가 꼬리를 내린다는 것은 상대로부터 위험을 느꼈을 때 저항하지 않겠다는 뜻이고, 서열이 낮음을 인정하는 표현이라고 합니다.

공부한 날짜
월 일 확인

따라 써 볼까?

꼬리를 내리다.

무슨 뜻일까?

상대편에게 기세가 꺾여 물러서거나 움츠러들다.

퀴즈로 풀어 볼까?

ㄲ ㄹ 를 내리다.

공감 플러스+

• 자신만만하다가 상대방의 말이나 기세에 눌려 꼬리를 내렸던 경험을 생각해 봐요.

꼬리에 꼬리를 물다

끊이지 않고 계속 이어지다.

그 말이 그 말이라고?

새 학기 첫날 아침. 지각이에요! 늦잠을 자는 바람에 콩심이는 씻는 둥 마는 둥 집을 나서서 학교를 향해 달렸어요. 교문을 지나 실내화를 갈아 신으려는 순간, 아차! 집에서 급히 나오느라 실내화를 깜빡 두고 왔지 뭐예요? 어쩔 수 없이 서둘러 계단을 오르는데, 꽈당! 그만 넘어져서 무릎에 멍이 들었어요. 마침내 교실 문을 벌컥 열고 들어갔는데 친구들과 선생님 표정이 이상해요. 뜨악! 여긴 작년 교실인 2학년 2반이에요. 얼굴이 화끈 달아오른 콩심이는 겨우 3학년 1반 교실로 찾아갔어요. 오늘은 실수가 꼬리에 꼬리를 무는 날이네요.

한마디로 이렇게?

이상하게도 나쁜 소문은 꼬리에 꼬리를 물고 순식간에 퍼지더라.

한 뼘 플러스+

꼬리와 관련된 다른 표현도 배워 볼까요? '꼬리가 길면 밟힌다.'는 나쁜 일을 반복하면 언젠가는 들키고 만다는 뜻입니다. 또한 '꼬리를 감추다.'는 자취를 감추다, '꼬리표가 붙다.'는 좋지 않은 소문이나 평판을 받게 된다는 뜻입니다.

공부한 날짜 월 일 확인

따라 써 볼까?

꼬	리	에		꼬	리	를		물	다	.		

무슨 뜻일까?

끊이지 않고 계속 이어지다.

퀴즈로 풀어 볼까?

ㄲ ㄹ 에 ㄲ ㄹ 를 물다.

공감 플러스+

- 꼬리에 꼬리를 물고 어떤 사건이 이어졌던 기억이 있나요?

날개 돋치다

▶ 인기가 있어 빠른 속도로 팔려 나가다.

그 말이 그 말이라고?

날짜	6월 15일 금요일	날씨	흐렸다 갰다.

학교에서 가게 놀이 하는 날이다. 어제부터 온 집안을 뒤져 준비해 온, 책들과 인형들을 정돈해 펼쳐 놨다. 하지만 친구들은 하루가 준비한 스포츠용품 가게에 줄을 섰다. 하루가 부러운 나는 어쩔 수 없이 비장의 무기를 꺼냈다. 바로 포X몬 카드다. 그동안 소중하게 모았던 포X몬 카드를 책과 인형에 한 장씩 끼워 팔기로 했다. 그러자 친구들이 내 가게로 우르르 몰려들었고 준비한 물건들은 날개 돋친 듯 순식간에 팔려 나갔다. 내가 판 물건이 책과 인형인지 포X몬 카드인지 모르겠지만 어쨌든 기분은 좋았다.

새로 나온 새우 과자 먹어 봤어? 그 과자 날개 돋친 듯이 팔려서 지금은 품절이래.

'날개'와 관련된 관용 표현은 더 있어요. '날개를 달다.'는 능력이나 상황이 더 좋아지다는 뜻입니다. 또한 '옷이 날개다.'는 좋은 옷을 입으면 사람이 더욱 돋보인다는 말이고요. 평범했던 사람이 옷을 잘 갖춰 입으면서 달라 보이거나 멋있어 보일 때 쓸 수 있는 표현입니다.

공부한 날짜 월 일 확인

따라 써 볼까?

날	개		돋	치	다	.						

무슨 뜻일까?

인기가 있어 빠른 속도로 팔려 나가다.

퀴즈로 풀어 볼까?

날개 ㄷ ㅊ ㄷ .

공감 플러스+

• 무언가 사고 싶었던 물건이 날개 돋친 듯 팔려서 못 샀던 경험이 있나요?

눈코 뜰 새 없다

그 말이 그 말이라고?

엄마? 내 새로 산 파랑색 양말 어딨어요?

네 방 오른쪽 두번째 서랍에.

수학 문제집이 없어졌어요. 오늘 못할 것 같아요.

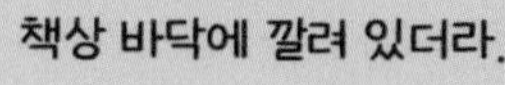

냉동실에 핫도그 전자레인지에 몇 분 돌려야 해요?

1분이면 될 거야.

오늘 저녁에 새로 한 김장 김치에 보쌈 먹는 거 맞죠?

으아 맛있겠다. 흐흐.

대답 좀 해 줘요~. 엄마? 엄마?

콩심아.
지금 엄마 할머니랑 김장하느라
눈코 뜰 새 없이 **바쁘다고.**

네가 혼자서도 잘 해 줘야 맛있는 김치랑 보쌈도 먹겠지?

설 연휴 때문에 택배량이 크게 늘어서 요즘 택배 기사님이 눈코 뜰 새 없이 바쁘대.

'눈을 뜨다.'는 가능하지만, '코를 뜨다.'는 말은 좀 이상하죠? 사실 '눈코 뜰 새 없다.'에서 눈, 코는 얼굴에 있는 기관이 아니라 그물을 만들 때 사용하는 용어랍니다. 그물을 만들거나 뜨개질을 할 때 매듭지는 부분을 '코'라고 하고 코와 코를 연결하여 만든 구멍을 '눈'이라고 해요. 물고기를 잡을 때 그물을 손질할 새도 없이 바쁘다는 뜻에서 만들어진 표현이래요.

따라 써 볼까?

눈	코		뜰		새		없	다	.			

무슨 뜻일까?

정신 못 차리게 몹시 바쁘다.

퀴즈로 풀어 볼까?

ㄴ ㅋ 뜰 새 없다.

공감 플러스+

- 무언가 집중하느라, 혹은 무언가 급한 일을 해결하느라 눈코 뜰 새 없이 바빠 본 기억이 있나요?

다음 관용어의 속뜻을 써 봅시다.

1 상대편에게 기세가 꺾여 물러서거나 움츠러들다. 정답 ㄲ ㄹ 를 내리다.

2 정신 못 차리게 몹시 바쁘다. 정답 ㄴ ㅋ 뜰 새 없다.

3 사람들이 오붓하거나 아기자기하고 재미있게 지낸다. 정답 ㄲ 가 쏟아지다.

4 어린아이의 작고 여린 손을 이르는 말. 정답 ㄱ ㅅ ㄹ 같은 손.

5 한두 번 가 본 길을 잊지 않고 찾아갈 만큼 길을 잘 기억하다.

정답 ㄱ ㄴ 이 밝다.

다음 괄호에서 바른 맞춤법을 찾아서 ○표 해봅시다.

1 귀가 (얇다, 얄따).

2 길눈이 (박다, 밝다).

3 깨가 (쏟아지다, 쏘다지다).

4 날개 (도치다, 돋치다).

5 고사리 (가튼, 같은) 손.

관용어와 뜻이 어울리는 것을 골라 선긋기를 해 봅시다.

1 귀가 아프다.	너무 여러 번 들어서 듣기 싫다.
2 꼬리에 꼬리를 물다.	몹시 두려워지거나 무서워지다.
3 귀가 얇다.	남의 말을 쉽게 받아들인다.
4 간이 콩알만 해지다.	인기가 있어 빠른 속도로 팔려 나가다.
5 날개 돋치다.	끊이지 않고 계속 이어지다.

퀴즈의 정답은 124쪽에 있습니다

눈에 불을 켜다

몹시 욕심을 내거나 관심을 기울이다.

그 말이 그 말이라고?

한마디로 이렇게?

퀴즈 대회에 아무 관심 없던 친구들이 상품을 보더니 갑자기 눈에 불을 켜고 하네.

한 뼘 플러스+

마치 불을 켠 것처럼 눈을 크고 강하게 뜨는 상황을 생각해 보세요. '눈에 불을 켜다.'라는 말에는 욕심을 낸다는 뜻 말고도 화가 나서 눈을 부릅뜬다는 의미도 있어요. 예를 들어 '새끼 고양이 주변을 어슬렁대는 개를 보자 어미 고양이는 눈에 불을 켜고 달려들었다.'라고 쓸 수 있습니다.

공부한 날짜 월 일 확인

따라 써 볼까?

눈	에		불	을		켜	다	.				

무슨 뜻일까?

몹시 욕심을 내거나 관심을 기울이다.

퀴즈로 풀어 볼까?

눈에 불을 [ㅋ ㄷ].

공감 플러스+

- 어떤 욕심 때문에 눈에 불을 켜고 열심이었던 적이 있나요?

눈이 높다

정도 이상의 좋은 것만 찾는다.

그 말이 그 말이라고?

드라마를 보던 엄마가 "우리 팥심이는 어떤 남자가 좋아?"라고 물었어요. 팥심이는 눈을 반짝이며 "눈이 크고, 윤기 나는 곱슬머리에, 웃는 것도 예쁘고, 목소리도 좋고, 운동도 잘하고, 똑똑하고, 그리고 성격은 말이야……."라고 마치 랩이라도 하듯이 신나서 말했죠. 그러자 엄마는 "우리 딸이 엄마 닮아서 눈이 엄청 높네."라고 말했어요. 옆에 가만히 계시던 아빠가 한숨을 지으셨어요.

한마디로 이렇게?

어린이날 선물을 고르는데, 보면 볼수록 눈이 높아져서 큰일이야.

'눈'과 관련된 다양한 관용 표현을 배워 볼까요? '눈에 넣어도 아프지 않다.'는 몹시 소중하고 사랑스럽다는 뜻입니다. '눈에 선하다.'는 눈 앞에 똑똑히 보이는 듯 하다, '눈에 밟히다.'는 잊으려고 노력해도 자꾸 떠오른다, '눈이 맞다.'는 남녀 사이에 마음이나 눈치가 통한다는 뜻입니다.

공부한 날짜
월 일 확인

따라 써 볼까?

눈	이		높	다	.							

무슨 뜻일까?

정도 이상의 좋은 것만 찾는다.

퀴즈로 풀어 볼까?

눈이 ㄴ ㄷ .

공감 플러스+

• 물건을 고를 때나 어떤 선택을 해야 할 때, 눈이 높아서 기회를 놓친 적이 있었나요?

13 눈이 멀다

한 가지에 마음을 뺏겨 판단하는 힘이 약해지다.

그 말이 그 말이라고?

하나는 사뿐사뿐 줄넘기도 잘 해.
?
??
와~, 피카소가 울고 갈 실력이야.
꽥 꽥
하나는 노래 실력도 타고났나 봐.
큰일이네, 하나한테 단단히 눈이 멀었나 봐.

한마디로 이렇게?

축구할 때 골 넣는 데 눈이 멀어 옆에서 친구가 넘어진 줄도 몰랐어.

한 뼘 플러스+

어떤 생각에 집중하는 건 좋지만 눈이 멀 정도로 빠지면 곤란하겠지요? '눈이 멀다.'라는 표현에는 다른 뜻도 있어요. 사고나 병으로 소중한 시력을 잃어서 앞을 못 보는 경우에도 '눈이 멀다.' 라고 표현해요. 청력을 잃은 상황은 '귀가 멀다.'라로 말해요.

공부한 날짜
월 일 확인

따라 써 볼까?

눈이 멀다.

무슨 뜻일까?

한 가지에 마음을 빼앗겨 판단하는 힘이 약해지다.

퀴즈로 풀어 볼까?

눈이 ㅁ ㄷ.

공감 플러스+

• 어떤 승부나 이익에 눈이 멀어서, 판단력이 흐려진 경험이 있나요?

도마 위에 오르다

어떤 사물이나 문제가 비판의 대상이 되다.

그 말이 그 말이라고?

콩심이네 교실 쓰레기통은 먹다 버린 간식과 비닐봉지들, 색종이와 테이프, 물티슈와 화장지가 뒤섞여 엉망진창이에요. 그래서 오늘 학급 회의 시간에 심각한 교실 쓰레기 문제가 도마 위에 올랐어요. 친구들은 손을 들어 한 명씩 의견을 냈어요. 하나는 쓰레기통마다 분리해야 하는 물건의 사진을 붙여서 헷갈리지 않게 분리 배출을 하자고 했어요. 하루는 매일 당번을 정해서 직접 쓰레기를 처리하면 문제가 해결될 거라고 얘기했어요. 선생님께서는 우리들의 아이디어가 너무 기특하다고 칭찬하시며 모두에게 젤리를 주셨어요. 젤리 봉지는 콩심이가 모두 모아 분리수거함에 쏙 넣었지요.

한마디로 이렇게?

지난번 놀이공원에서 있었던 안전사고 문제가 도마 위에 올랐어.

한 뼘 플러스+

도마는 음식 재료를 썰거나 다질 때 밑에 받치는 나무토막이나 플라스틱을 말해요. '도마 위에 오르다.'와 비슷한 뜻을 가진 표현으로는 '수면 위에 오르다.'라는 말도 있어요. '수면 위'는 '물 위'를 뜻합니다. 관심을 받지 못하거나 숨겨졌던 일이 세상에 알려지는 경우에 비유적으로 사용하는 표현이에요.

공부한 날짜
월 일 확인

따라 써 볼까?

도 마 위 에 오 르 다 .

무슨 뜻일까?

어떤 사물이나 문제가 비판의 대상이 되다.

퀴즈로 풀어 볼까?

ㄷ ㅁ 위에 오르다.

공감 플러스+

- 많은 사람들의 비판을 받는 사건이 도마 위에 오르는 뉴스를 본 적 있나요?

뒤통수를 맞다

육체적이나 정신적으로 예상치 못한 공격을 받다.

그 말이 그 말이라고?

구십팔,
구십구, 백!
어?
콩심이 아냐?
탁
탁
이렇게 늦은 시간에
줄넘기해?
요즘 날씨가
운동하기 딱 좋잖아. 하하
맞아,
날씨가 좋긴 하지.
허둥
지둥
아유~, 콩심이가 내일 건강검진 때
몸무게 잰다고 이렇게 난리지 뭐니.
윽, 믿었던 엄마한테
내가 뒤통수를 맞다니!
하하,
그런 거였어?

한마디로 이렇게?

영화 주인공의 예상치 못했던 반전에 뒤통수를 한 대 맞는 기분이었어.

한 뼘 플러스+

‘뒤통수를 맞다.’를 사자성어로는 ‘배은망덕(背恩忘德)’이라고 쓸 수 있어요. 배신할 배, 은혜 은, 망할 망, 큰 덕 자를 써서 내게 도움을 준 사람의 은혜를 배신으로 갚는다는 뜻이에요. 믿었던 사람에게 아주 크게 ‘뒤통수를 맞다.’는 것과 비슷한 느낌이지요?

공부한 날짜 월 일 확인

따라 써 볼까?

뒤	통	수	를		맞	다	.					

무슨 뜻일까?

육체적이나 정신적으로 예상치 못한 공격을 받다.

퀴즈로 풀어 볼까?

ㄷ ㅌ ㅅ 를 맞다.

공감 플러스+

- 평소 믿었던 친구가 의리를 저버려서 실망했던 경험이 있나요?

16

등 떠밀다

일을 억지로 하게 하거나 부추기다.

그 말이 그 말이라고?

날짜	3월 15일 월요일	날씨	맑고 쌀쌀함

체육 선생님께서 한학기 동안 우리 반 체육부장을 누가 하면 좋을지 물어보셨다. 아무도 나서지 않자 친구 한명이 나를 추천했다. "하루가 우리 반에서 달리기 제일 잘해요." 또 다른 친구는 "작년에도 하루가 체육부장 열심히 잘했어요."라고 말했다. 어쩌다 보니 친구들의 추천으로 내가 체육부장으로 뽑히게 됐다. 등 떠밀려서 체육부장을 맡게 됐지만, 친구들이 인정해 주고 뽑아 준 거라 왠지 기분은 더 좋았다.

한마디로 이렇게?

난 사실 원하지 않았는데, 내가 가장 춤을 잘 춘다며 친구들이 등 떠밀어서 어쩔 수 없이 맨 앞에 서게 됐어.

한 뼘 플러스+

등과 관련된 또 다른 표현으로 '등을 돌리다.'가 있어요. 이것은 누군가와의 관계를 거부하거나 그 관계를 끊는 것을 말해요. 또한 두려운 일을 마주하고 등에 찬물을 끼얹은 것처럼 으스스할 때 '등골이 서늘하다.' 라고 표현하기도 한답니다.

공부한 날짜 월 일 확인

따라 써 볼까?

등		떠	밀	다	.							

무슨 뜻일까?

일을 억지로 하게 하거나 부추기다.

퀴즈로 풀어 볼까?

등 [ㄸ ㅁ ㄷ] .

공감 플러스+

- 하기 싫은 일이지만 억지로 등 떠밀려서 해야만 했던 상황이 있었나요?

17 뜨거운 맛을 보다

호된 고통이나 어려움을 겪다.

그 말이 그 말이라고?

친구들과 놀이공원에 간 콩심이는 제일 먼저 '귀신의 집'으로 뛰어갔어요. 입구에서부터 으스스한 해골과 귀신 그림, 캄캄한 조명과 기괴한 소리가 분위기를 오싹하게 만들었어요. 하지만 콩심이는 "이거 다 가짜인데 뭐가 무서워."라며 당당히 입장했지요. 친구들은 어쩔 수 없이 콩심이 뒤만 졸졸 따라갔어요. 하지만 몇 분 후, 얼굴이 하얗게 질린 콩심이가 살려달라고 비명을 지르며 허겁지겁 뛰어나왔어요. 오히려 무서워하던 하루와 하나는 한번 더 가자고 신이 났고요. 하지만 '귀신의 집'의 뜨거운 맛을 본 콩심이는 저 멀리 100미터 밖으로 도망가고 말았답니다.

한마디로 이렇게?

어린 동생 돌보는 일이 별거 아니라고 생각했는데, 직접 뜨거운 맛을 보고 나니까 다시는 그런 말 못하겠더라.

한 뼘 플러스+

맛의 종류에는 단맛, 신맛, 쓴맛, 짠맛, 감칠맛이 있어요. 이들은 혀로 느끼는 '미각'이라고 하지요. 반면 매운 맛이나 떫은 맛은 혀에서 느끼는 맛이 아니라 혀와 입 내부 피부가 느끼는 '촉각'이라고 해요. 음식이 매울 때 영어로 'HOT'이라고 하는데, 촉각을 표현한 것이니 뜨겁다는 표현이 정확할 수 있겠네요.

공부한 날짜 월 일 확인

따라 써 볼까?

뜨	거	운		맛	을		보	다	.			

무슨 뜻일까?

호된 고통이나 어려움을 겪다.

퀴즈로 풀어 볼까?

ㄸ ㄱ ㅇ 맛을 보다.

공감 플러스+

- 예상했던 것보다 훨씬 큰 어려움을 겪거나, 크게 실패해서 뜨거운 맛을 봤던 경험이 있나요?

18 뜬구름 잡다

막연하거나 허황된 것을 좇다.

그 말이 그 말이라고?

한마디로 이렇게?

내가 아이돌 가수가 된다고 할 때마다, 부모님은 노력도 없이 뜬구름 잡는 소리만 하면 안된다고 쓴 소리를 하셨어요.

한 뼘 플러스+

'허황'은 현실성이 없고 헛되어 믿음직하지 못할 때 사용하는 단어예요. 허황처럼 전혀 근거가 없을 때 사용하는 비슷한 표현으로 '터무니없다.'가 있어요. 터무니라는 말은 정당한 근거나 이유를 뜻해요. 꿈을 크게 갖는 것이 좋지만, 너무 터무니없는 거짓말이나 욕심은 멀리 해야겠지요?

공부한 날짜 월 일 확인

따라 써 볼까?

뜬	구	름		잡	다	.						

무슨 뜻일까?

막연하거나 허황된 것을 좇다.

퀴즈로 풀어 볼까?

ㄸ ㄱ ㄹ 잡다.

공감 플러스+

- 남들에게는 뜬구름 잡는 소리로 들릴 수 있지만 나에게는 소중한 꿈이 있나요?

뜸을 들이다

서두르지 않고 한동안 가만히 있는 경우

그 말이 그 말이라고?

가족여행 일정을 짜고 있어요. 콩심이는 짚라인을 타자고, 팥심이는 워터파크에 가자고 서로 고집을 부리네요. 엄마는 한 명이 양보하기 전에는 아무데도 안 간다고 하셨어요. 짚라인을 꼭 타고 싶었던 콩심이는 팥심이의 방학숙제를 대신해 준다고 제안했어요. 한참을 뜸 들이던 콩심이는 서약서를 한 장 들고 오지 뭐예요? 방학숙제 서약서를 쓰고 나서야, 콩심이는 원하던 짚라인을 탈 수 있게 됐어요.

한마디로 이렇게?

아빠는 결정을 내리기까지 한참 뜸 들이는 편이지만, 결정 이후 행동은 아주 거침없이 신속해.

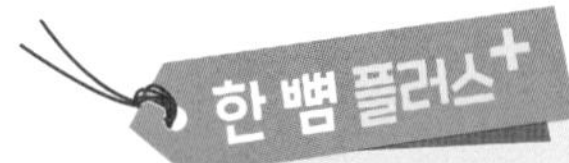

한 뼘 플러스+

'뜸'의 사전적 의미는 음식을 찌거나 삶아 익힐 때에 충분히 열을 가한 뒤 한동안 뚜껑을 열지 않고 닫아 두는 거예요. 그 상태로 두면 음식이 속속들이 잘 익기 때문이지요. 어떤 일이나 말을 할 때 여유를 갖기 위해 서두르지 않는다는 긍정적인 의미로도 사용돼요.

공부한 날짜 월 일 확인

따라 써 볼까?

뜸	을		들	이	다	.						

무슨 뜻일까?

서두르지 않고 한동안 가만히 있는 경우.

퀴즈로 풀어 볼까?

ㄸ 을 들이다.

공감 플러스+

- 결정하기 힘들어서 한참 동안 뜸을 들이다가 기회를 놓친 적이 있나요?

20 마음은 굴뚝 같다

▶ 간절히 하고 싶거나 원하다.

그 말이 그 말이라고?

빛나는 어린이 일보 2024년 6월 15일 토요일

어린이 수영대회 금메달 OO초등학교 하루 선수

"연습 쉬고 싶은 마음이 굴뚝 같았지만, 매일 꾸준히 연습했어요"

빛나는 어린이 일보가 주최한 전국 어린이 수영대회에서 OO초등학교 하루(만9세) 선수가 자유영 100미터 금메달을 포함해 메달을 세 개나 받아 주목을 받았다. 하루 선수는 "대회 준비 기간 동안 하루도 쉬지 않고 연습하는 게 제일 힘들었어요. 친구들이랑 놀고 싶은 마음은 굴뚝 같았지만, 매일 꾸준히 연습한 게 비결인 것 같다"고 소감을 밝혔다. 이번 대회에 첫 출전한 하루 선수에겐 예상치 못했던 금메달이라며 응원하러 온 가족과 친구들 모두 기쁨을 감추지 못했다.

한마디로 이렇게?

친구랑 떡볶이 사먹고 싶은 마음은 굴뚝 같았지만, 동생 선물을 사기 위해 용돈을 아끼기로 했어.

한 뼘 플러스+

실내에서 불을 땔 때 연기를 밖으로 내보내던 굴뚝이 어떻게 간절한 마음의 표현이 되었을까요? 옛날 먹을 것이 귀하던 시절, 달콤한 꿀떡은 누구나 간절히 원하던 환상의 음식이었어요. 그래서 간절한 마음을 두고 '꿀떡 같다.'라고 표현했고, 이 표현이 '굴뚝 같다.'로 변형되었다는 설이 있답니다.

따라 써 볼까?

마	음	은		굴	뚝		같	다	.			

무슨 뜻일까?

간절히 하고 싶거나 원하다.

퀴즈로 풀어 볼까?

마음은 ㄱ ㄸ 같다.

공감 플러스+

- 무언가를 절실히 원하는 마음은 굴뚝 같지만, 마음과 달리 실천하지 못했던 적이 있나요?

다음 관용어의 속뜻을 써 봅시다.

❶ 어떤 사물이나 문제가 비판의 대상이 되다. 정답 ㄷ ㅁ 위에 오르다.

❷ 막연하거나 허황된 것을 좇다. 정답 ㄸ ㄱ ㄹ 잡다.

❸ 간절히 하고 싶거나 원하다. 정답 마음은 ㄱ ㄸ 같다.

❹ 일이나 말을 할 때 서두르지 않고 한동안 가만히 있는 경우.
정답 ㄸ 을 들이다.

❺ 호된 고통이나 어려움을 겪다. 정답 ㄸ ㄱ ㅇ 맛을 보다.

다음 괄호에서 바른 맞춤법을 찾아서 ○표 해 봅시다.

❶ 눈이 (높다, 놓다).

❷ 뜬구름 (잡다, 잡다).

❸ 뒤통수를 (맡다, 맞다).

❹ 뜸을 (드리다, 들이다).

❺ 도마 위에 (오르다, 올르다).

관용어와 뜻이 어울리는 것을 골라 선긋기를 해 봅시다.

1
등 떠밀다.
2
눈이 높다.
3
뒤통수를 맞다.
4
눈에 불을 켜다.
5
눈이 멀다.
정도 이상의 좋은 것만 찾는다.
일을 억지로 하게 하거나 부추기다.
몹시 욕심을 내거나 관심을 기울이다.
육체적이나 정신적으로 예상치 못한 공격을 받다.
어느 한 가지에 마음을 빼앗겨 다른 것을 판단하는 힘이 약해지다.

퀴즈의 정답은 124쪽에 있습니다

21 말꼬리를 물고 늘어지다

남의 말 가운데서 꼬투리를 잡아 꼬치꼬치 따지고 들다.

그 말이 그 말이라고?

한마디로 이렇게?

남의 말에 꼬리를 물고 늘어지는 나쁜 습관 때문에 자꾸 말싸움에 휘말리게 돼.

한 뼘 플러스+

'말꼬리를 자르다.'라는 표현이 있어요. 이것은 다른 사람의 말이 끝나지 않았는데 중간에 끼어드는 것을 말하죠. 그리고 '말꼬리를 흐리다.'는 무언가 조심스럽거나 분명하지 않은 것을 말할 때, 끝부분에 목소리를 줄이고 어물거리는 상태를 일컫는 표현입니다.

따라 써 볼까?

말	꼬	리	를		물	고		늘	어	지	다	.

무슨 뜻일까?

남의 말 가운데서 꼬투리를 잡아 꼬치꼬치 따지고 들다.

퀴즈로 풀어 볼까?

ㅁ ㄲ ㄹ 를 물고 늘어지다.

공감 플러스+

- 말꼬리를 물고 늘어지는 방식 말고 어떻게 대화를 해야 성숙하게 문제를 해결할 수 있을까요?

22 맥이 풀리다

기운이나 긴장이 풀어지다.

그 말이 그 말이라고?

오늘은 학부모 참관 수업이 있는 날이에요. 하필이면 하루가 제일 싫어하는 영어 시간, 게다가 영어로 말하기 수업이에요! 선생님은 차례대로 한명씩 돌아가며 영어 읽기를 시키셨어요. 뒤에 계신 부모님들은 기대에 찬 표정이에요. 하루의 순서가 다가오자 식은땀이 나기 시작했어요. 드디어 하루의 차례! 하루가 일어나자, 때마침 '딩동댕동~.' 수업을 마치는 종소리가 났어요. 하루는 그만 맥이 풀려서 그대로 의자에 풀썩 주저 앉고 말았네요.

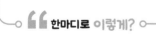

한마디로 이렇게?

독감 주사 맞기를 기다리는 동안 너무 긴장했는지, 주사를 맞고 나니까 맥이 풀려 버렸어.

한 뼘 플러스+

'맥'은 기운이나 힘을 말할 때도 쓰지만 어떤 관계나 흐름, 심장이 뛸 때 혈관에서 느껴지는 진동을 뜻하기도 해요. 흔히 '맥 빠지다.'는 표현은 의욕이 떨어지거나 실망하여 기운이 없어지는 것을 말해요. '맥이 끊기다.'라고 하면 연결되던 관계가 끊어졌다는 뜻이에요. '맥이 약하다.' '맥을 짚다.' 등은 한의학에서 심장의 박동으로 건강을 확인할 때 쓰는 말이랍니다.

공부한 날짜 월 일 확인

따라 써 볼까?

맥	이		풀	리	다	.						

무슨 뜻일까?

기운이나 긴장이 풀어지다.

퀴즈로 풀어 볼까?

ㅁ 이 풀리다.

공감 플러스+

- 여러분은 긴장했던 일이 실제로 벌어지지 않아서 맥이 풀렸던 적이 있나요?

23

머리를 맞대다

일을 의논하거나 결정하기 위하여 서로 마주 대하다.

그 말이 그 말이라고?

한마디로 이렇게?

혼자서는 해결할 방법이 없어 보이던 문제였는데, 여럿이 머리를 맞대니까 쉽게 해결 됐어.

한 뼘 플러스+

머리와 관련된 관용어를 몇 개 더 배워 볼까요? '머리가 크다.'는 어리고 서툴던 사람이 어른처럼 생각하고 판단하게 된다는 뜻입니다. '머리를 굴리다.'는 좋은 아이디어나 해결 방안을 떠올리기 위해 생각하는 것, '머리를 짜다.'는 몹시 애를 써서 궁리하는 것을 말합니다.

공부한 날짜
월 일 확인

따라 써 볼까?

머	리	를		맞	대	다	.					

무슨 뜻일까?

일을 의논하거나 결정하기 위하여 서로 마주 대하다.

퀴즈로 풀어 볼까?

머리를 ㅁ ㄷ ㄷ .

공감 플러스+

- 중요한 문제를 해결하기 위해 여럿이 머리를 맞대고 토의해 본 적 있나요?

목이 빠지다

무언가를 몹시 애타게 기다리다.

그 말이 그 말이라고?

한마디로 이렇게?

할머니 할아버지가 손자들이 곧 도착한다는 소식을 듣고 목이 빠지게 기다리셨어.

한 뼘 플러스+

겨울에 찾아오는 철새로 천연기념물이기도 한 '학'을 아시나요? 학은 몸의 길이는 1.4미터, 날개를 편 길이는 2.4미터에 달하는 두루밋과의 새입니다. 목이 길며 몸은 흰색이고 이마와 목, 다리와 날개 끝은 검정색이지요. '학수고대하다.'라는 말은 마치 학처럼 고개를 길게 빼고 무언가를 간절히 기다릴 때 쓰는 말이에요. '수영장 갈 생각에 방학만 학수고대했다.'라고 말할 수 있어요.

공부한 날짜 월 일 확인

따라 써 볼까?

목	이		빠	지	다	.						

무슨 뜻일까?

무언가를 몹시 애타게 기다리다.

퀴즈로 풀어 볼까?

ㅁ 이 ㅃ ㅈ ㄷ .

공감 플러스+

• 어떤 날짜를 목 빠지게 기다려 본 적 있나요? 혹은 어떤 사람을 목 빠지게 기다려 본 적이 있나요?

물 만난 고기

능력을 발휘할 만한 환경을 만난 사람.

그 말이 그 말이라고?

한마디로 이렇게?

교실에서는 한없이 조용했던 친구가 체육 시간만 되면 물 만난 고기처럼 아주 활발해지네.

한 뼘 플러스+

물고기와 물은 떼어 놓을 수 없는 관계겠죠? 삼국지의 주인공 유비와 제갈량은 서로 믿고 의지하며 도움을 주고받는 사이였어요. 그래서 이 둘을 두고 '수어지교(水魚之交)'라고 불렀어요. 마치 물고기가 물을 떠나 살 수 없듯 떼어 놓을 수 없는 긴밀한 사이를 뜻하는 말이랍니다.

공부한 날짜 월 일 확인

따라 써 볼까?

물		만	난		고	기	.					

무슨 뜻일까?

능력을 발휘할 만한 환경을 만난 사람.

퀴즈로 풀어 볼까?

ㅁ ㅁㄴ 고기.

공감 플러스+

• 여러분은 어떤 순간에 물 만난 고기처럼 능력을 한껏 발휘하게 되나요?

26 물 쓰듯 하다

물건을 헤프게 쓰거나 낭비한다.

그 말이 그 말이라고?

오늘은 내가 쏜다.
먹고 싶은 거 하나씩 골라 봐.
콩심이 최고!
월드컵콘 먹고 싶었어.
콩심이 멋져!
난 곰팅이 젤리.
목이 너무 마른데
생수 하나만 사 줄 수 있어?
다음 주에 갚을게.
그럴 줄 알았어.
어쩐지 용돈을 물 쓰듯 하더라.

한마디로 이렇게?

덥다고 에어컨 쓰기를 물 쓰듯 했더니 엄마한테 혼났어.

한 뼘 플러스+

우리나라는 물이 부족한 상황을 자주 겪지 않아, 물을 아낌없이 쓰는 습관이 있습니다. 그래서 '물 쓰듯 하다.'라는 표현도 생겼고요. 하지만 세계 곳곳에서 심각한 물부족 현상을 겪는 나라가 많아요. 기후 위기가 계속된다면 '물 쓰듯 하다.'라는 표현은 앞으로 쓰기 어려울 수도 있겠네요.

공부한 날짜
월 일 확인

따라 써 볼까?

물 쓰듯 하다.

무슨 뜻일까?

물건을 헤프게 쓰거나 낭비한다.

퀴즈로 풀어 볼까?

ㅁ ㅆ ㄷ 하다.

공감 플러스+

- 용돈이나 물건을 아끼지 않고 물 쓰듯 하다가 후회해 본 경험이 있나요?

바가지를 쓰다

요금이나 값을 비싸게 지불하여 억울한 손해를 보다.

그 말이 그 말이라고?

휴가철 성수기를 맞아
각 지역 해수욕장에서 상인들이 손님에게
바가지를 씌워 문제가 되고 있습니다.
숙박 요금뿐만 아니라 식당이나 행사장의 요금이
평소보다 배로 올라 즐거운 휴가철에
인상을 찌푸리는 일이 많이 벌어지고 있습니다.
KBC
이상하다? 왜 상인들이 손님들에게
바가지를 씌워요? 모자가 다 팔렸나?
아유, 그 바가지가 아니고
요금이나 물건 값을 비싸게 팔아
손해를 끼치는 걸 말하는 거야.

한마디로 이렇게?

여행지에서 너무 들떠서 쇼핑했나봐. 아무래도 이 기념품은 바가지를 쓰고 산 것 같아.

한 뼘 플러스⁺

바가지는 박을 두 쪽으로 쪼개어 만든 그릇이에요. 나무나 플라스틱으로 비슷하게 만든 것도 바가지라고 불러요. 이런 바가지는 집집마다 유용하게 쓰인답니다. 바가지와 관련된 다른 표현으로 '바가지를 긁다.'라는 말도 있어요. 지나치게 불평과 잔소리가 많다는 뜻으로 사용하지요.

공부한 날짜
월 일 확인

따라 써 볼까?

바가지를 쓰다.

무슨 뜻일까?

요금이나 값을 비싸게 지불하여 억울한 손해를 보다.

퀴즈로 풀어 볼까?

ㅂ ㄱ ㅈ 를 쓰다.

공감 플러스+

- 물가를 잘 모르는 낯선 지역에 갔다가 바가지를 쓴 경험이 있나요?

28

발등에 불이 떨어지다

일이 몹시 절박하게 닥치다.

그 말이 그 말이라고?

책만 읽으면 졸기만 하던 콩심이가 웬일로 책을 쌓아 놓고 읽고 있어요. 이 모습에 감격한 엄마가 콩심이에게 다가가 말했어요. "기특해라. 콩심이가 3학년이 되더니 철이 들었네. 우리 콩심이 저녁에 뭐 먹고 싶어?" 콩심이는 "프라이드 치킨이요!"라고 당당히 외쳤지요. 그러자 팥심이가 다가와 얄밉게 말했어요. "언니, 밀린 방학 숙제 하느라 발등에 불이 떨어졌구나." 팥심이 얘기를 듣고 실망한 엄마는 치킨 배달을 주문하던 핸드폰을 조용히 내려놓았어요.

한마디로 이렇게?

시험 준비를 미루고 미루더니 결국 발등에 불이 떨어지기 시작했어.

한 뼘 플러스+

발등과 관련된 속담 표현을 배워 볼까요? '믿는 도끼에 발등 찍힌다.'는 잘될 것 같았던 일이 어긋나거나, 믿고 있던 사람이 배반하여 오히려 해를 입는다는 뜻이에요. '제 발등을 제가 찍는다.'는 자기가 한 일이 도리어 자기에게 해를 입히는 상황에서 사용합니다.

공부한 날짜 월 일 확인

따라 써 볼까?

발 등 에 불 이 떨 어 지 다 .

무슨 뜻일까?

일이 몹시 절박하게 닥치다.

퀴즈로 풀어 볼까?

ㅂ ㄷ 에 불이 떨어지다.

공감 플러스+

• 미루고 미루던 일이 급해져서, 발등에 불이 떨어지듯 해치운 기억이 있나요?

발이 넓다

사귀어 아는 사람이 많아 활동하는 범위가 넓다.

그 말이 그 말이라고?

날짜	10월 3 일 토 요일	날씨	맑고 화창함.

제목: 우리 아빠는 왕 발(?)
엄마 심부름으로 아빠와 과일을 사러 나갔다. 과일가게 사장님은 "너가 콩심이구나.
아빠가 얼마나 네 자랑을 많이 했는지 몰라." 하시며 사과를 덤으로 주셨다. 오는 길에
아빠는 고깃집 사장님과 안부 인사를 나누고, 슈퍼마켓 점원과도 반갑게 인사를 나눴다.
아빠가 이렇게 많은 사람들을 알고 지내는 것도 신기했고, 그분들이 내 이름을 알고 있는
것도 너무 신기했다. 아빠는 "내가 좀 발이 넓지. 하하하."라고 말씀하셨다. 나도
아빠처럼 여러 사람과 잘 알고 지내는 발 넓은 사람이 되고 싶다.

한마디로 이렇게?

그 친구는 사교적인 성격 덕분에 모르는 사람이 없을 정도로 발이 넓어.

한 뼘 플러스+

여러분은 '발에 불이 나다.'라는 표현 들어 봤나요? 매우 정신없고 바쁠 때 쓰는 표현입니다. 또 '발을 끊다.'는 교류나 관계를 끊다는 뜻으로 사용합니다. 예를 들어 '식단 관리를 하기로 결심한 이후로, 친구는 편의점에 발을 끊었다.'라고 사용할 수 있어요.

공부한 날짜 월 일 확인

따라 써 볼까?

발이 넓다.

무슨 뜻일까?

사귀어 아는 사람이 많아 활동하는 범위가 넓다.

퀴즈로 풀어 볼까?

발이 ㄴ ㄷ .

공감 플러스+

- 여러 사람과 사교적인 사람이 되고 싶은가요? 발이 넓은 사람이 되려면 무엇이 필요할까요?

30 불 보듯 뻔하다

앞으로 일어날 일이 의심할 여지가 없이 아주 명백하다.

그 말이 그 말이라고?

콩심이 생일날이에요. 친구들 모두 즐겁게 치킨과 떡볶이, 김밥을 맛있게 먹고 있어요. 콩심이는 양손에 치킨을 쥐고 볼이 터질 듯 먹었지요. 드디어 생일파티의 하이라이트! 선물 개봉 시간이에요. 하루는 카드놀이 세트를, 하나는 콩심이가 갖고 싶었던 동전 지갑을 선물했어요. 마지막 팥심이의 선물 상자를 열었는데 상자는 텅 비어 있었아요. 팥심이는 "언니 작년 생일 때 배탈나서 고생했지? 원래는 과자를 선물하려고 했는데 오늘 먹는 걸 보니 배 아플 게 불 보듯 뻔할 것 같아서!"라고 말했어요. 언니가 아플까 봐 마음만 선물하기로 했다는 말에 콩심이는 기가 막혔답니다.

한마디로 이렇게?

늦잠 자는 것을 보니 오늘도 지각할 게 불 보듯 뻔하군.

한 뼘 플러스+

'불 보듯 뻔하다.'는 고사성어 표현으로 '명약관화(明若觀火)'라고 말해요. 명약관화를 풀어서 설명하면 '불을 보는 것처럼 밝게 보인다.'는 뜻입니다. 예를 들어 '그 사람이 범인인 것이 명약관화한데도 어리석게 발뺌을 하려 들었다.'와 같이 쓰일 수 있습니다. 같은 뜻으로 '명명백백(明明白白)' 역시 의심할 여지없이 분명하다는 뜻이랍니다.

공부한 날짜 월 일 확인

따라 써 볼까?

불		보	듯		뻔	하	다	.				

무슨 뜻일까?

앞으로 일어날 일이 의심할 여지가 없이 아주 명백하다.

퀴즈로 풀어 볼까?

ㅂ 보듯 뻔하다.

공감 플러스+

- 앞으로 일어날 결과가 불 보듯 뻔한데도 멈출 수 없었던 경험이 있나요?

다음 관용어의 속뜻을 써 봅시다.

1. 기운이나 긴장이 풀어지다. 정답 [ㅁ] 이 풀리다.
2. 자신의 능력을 발휘할 만한 환경을 만난 사람. 정답 [ㅁ] 만난 [ㄱ][ㄱ]
3. 앞으로 일어날 일이 의심할 여지가 없이 아주 명백하다. 정답 [ㅂ] 보듯 뻔하다.
4. 요금이나 물건값을 실제 값보다 비싸게 지불하여 억울한 손해를 보다. 정답 [ㅂ][ㄱ][ㅈ] 를 쓰다.
5. 무언가를 몹시 애타게 기다리다. 정답 [ㅁ] 이 빠지다.

다음 괄호에서 바른 맞춤법을 찾아서 ○표 해 봅시다.

1. 머리를 (맏대다, 맞대다).
2. 발이 (널따, 넓다).
3. 말 꼬리를 물고 (늘어지다, 느러지다).
4. 불 (보듯, 보듣) 뻔하다.
5. 물 (쓰듯, 쓰듣) 하다.

관용어와 뜻이 어울리는 것을 골라 선긋기를 해 봅시다.

1 말 꼬리를 물고 늘어지다.	어떤 일을 의논하거나 결정하기 위하여 서로 마주 대하다.
2 발등에 불이 떨어지다.	일이 몹시 절박하게 닥치다.
3 물 쓰듯 하다.	물건을 헤프게 쓰거나 낭비한다.
4 발이 넓다.	사귀어 아는 사람이 많아 활동하는 범위가 넓다.
5 머리를 맞대다.	남의 말 가운데서 꼬투리를 잡아 꼬치꼬치 따지고 들다.

퀴즈의 정답은 124쪽에 있습니다

31 비행기를 태우다

남을 지나치게 칭찬하거나 높이 치켜세우다.

그 말이 그 말이라고?

한마디로 이렇게?

아빠는 맛있는 음식을 먹을 때마다 엄마의 음식 솜씨가 최고라며 비행기를 태워 줘.

한 뼘 플러스+

엄청난 무게의 비행기가 하늘을 난다는 게 신기하지 않나요? 그 비밀은 비행기의 날개 모양에 숨어 있어요. 비행기가 이륙하며 빠르게 추진할 때, 유선형 모양의 날개 윗부분은 공기의 흐름이 빨라져 압력이 낮아지고, 그에 비해 평평한 날개 아랫부분은 공기의 흐름이 느려져 압력이 높아져요. 압력이 높은 아래쪽 공기가, 압력이 낮은 위쪽의 공기를 밀어 올리면 비행기가 뜨게 된답니다.

공부한 날짜 월 일 확인

따라 써 볼까?

비	행	기	를		태	우	다	.				

무슨 뜻일까?

남을 지나치게 칭찬하거나 높이 치켜세우다.

퀴즈로 풀어 볼까?

ㅂ ㅎ ㄱ 를 태우다.

공감 플러스+

- 누군가의 기분을 좋게 해 주기 위해 비행기를 태워 준 적이 있나요?

32

빙산의 일각

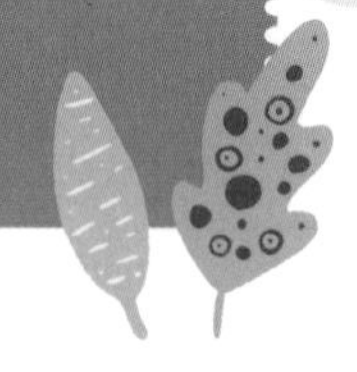

대부분 숨겨져 있고 눈에 보이는 것은 극히 일부분임.

그 말이 그 말이라고?

한마디로 이렇게?

우리가 알고 있는 사건 소식은 빙산의 일각일 뿐이다. 실제 범죄 건수는 이보다 훨씬 심각하다.

한 뼘 플러스+

빙하는 눈이 오랫동안 쌓이고 다져져 육지를 덮고 있는 얼음 층을 말해요. 그리고 빙산은 빙하에서 떨어져 나와 바다나 호수에 떠다니는 얼음덩어리를 말하지요. 그렇다고 물에 떠 있는 모든 얼음덩어리가 빙산은 아니에요. 최소 높이가 5미터 이상일 때 빙산이라고 부르거든요. 우리 눈에 보이는 빙산도 크지만, 사실은 전체 크기의 약 8%에 불과하고 그 아래에 약 92%에 해당하는 훨씬 더 큰 덩어리가 숨어 있답니다.

공부한 날짜 월 일 확인

따라 써 볼까?

빙	산	의		일	각	.						

무슨 뜻일까?

대부분 숨겨져 있고 눈에 보이는 것은 극히 일부분임.

퀴즈로 풀어 볼까?

ㅂ ㅅ 의 ㅇ ㄱ

공감 플러스+

- 내가 가진 많은 장점 중 친구들이 빙산의 일각으로만 알고 있는 건 무엇인가요?

33

빛을 발하다

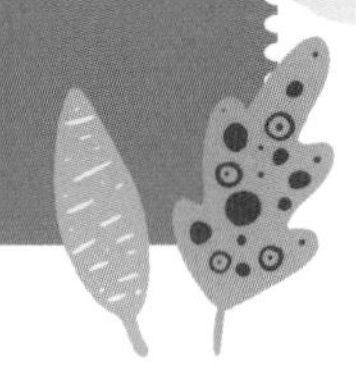

제 능력이나 값어치를 드러내다.

그 말이 그 말이라고?

겨울 스포츠교실 체험으로 스케이트를 배우는 날이에요. 친구들은 설레는 표정으로 왁자지껄 아이스링크에 들어갔어요. 콩심이는 친구들보다 더 가슴이 콩닥콩닥 뛰었어요. 왜냐고요? 오늘 스케이트 선생님은 콩심이 엄마거든요. 사실 콩심이 엄마는 예전에 유명한 스케이트 선수였어요. 수업이 시작되자 엄마가 미끄러지듯 스케이트를 타고, 친구들을 위해 멋진 동작들도 시연했어요. 친구들은 탄성을 질렀지요. 집안일하는 엄마의 모습만 보다가 새로운 모습을 보니 느낌이 남달랐어요. 그야말로 엄마가 빛을 발하는 순간이었어요.

한마디로 이렇게?

지금처럼 열심히 하다 보면 언젠가는 빛을 발하는 때가 올 거야.

한 뼘 플러스+

'빛을 발하다.'와 조금 비슷한 표현으로 '빛을 보다.'라는 표현도 있어요. 이는 업적이나 보람 따위가 드러난다는 뜻이에요. 예를 들어 '화가가 평생을 바쳐 그렸던 그림들이 오늘날에 와서 드디어 빛을 보게 되었다.'와 같이 사용합니다. 반대로 '빛을 잃다.'라는 말은 제 구실을 못하여 보잘것없게 되다라는 뜻이에요.

공부한 날짜 월 일 확인

따라 써 볼까?

빛을 발하다.

무슨 뜻일까?

제 능력이나 값어치를 드러내다.

퀴즈로 풀어 볼까?

빛을 ㅂ ㅎ ㄷ .

공감 플러스+

• 나의 능력이 눈에 띄게 빛을 발했던 경험이 있나요?

34

색안경을 끼고 보다

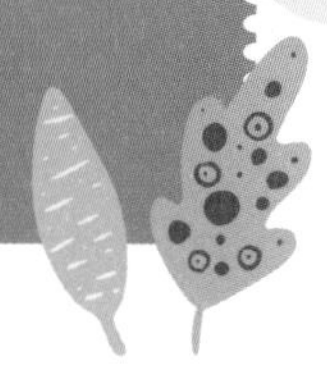

주관이나 선입견에 얽매여 좋지 않게 보다.

그 말이 그 말이라고?

옆 반에 남자 친구가 전학을 왔어요. 새로 온 친구는 덩치도 크고, 얼굴 표정은 무뚝뚝한 데다 말수도 없었어요. 새로 전학 온 친구가 싸움을 잘한다는 둥, 화나면 엄청 무섭다는 둥 소문이 무성했어요. 며칠 후, 옆반과 축구 시합을 하는 날이었어요. 공을 차던 하루가 발목을 삐끗해서 넘어지고 말았지요. 이때 상대 팀에서 뛰고 있던 전학 온 친구가 가장 먼저 달려와 하루를 부축하고 보건실까지 데려다줬어요. 깁스를 하게 된 하루의 가방도 매일 들어 줬지요. 하루는 다른 사람 이야기만 듣고 그 친구를 색안경을 끼고 봤다며 사과했어요. 그리고는 둘도 없는 단짝이 되었답니다.

한마디로 이렇게?

새미가 이기적이라고 생각한 건 내가 색안경을 끼고 본 거였더라고.

한 뼘 플러스+

'선입견'은 어떤 대상에 대해 이미 마음속에 가지고 있는 고정적인 생각을 말해요. 선입견과 종종 같이 쓰이는 '편견'이라는 말을 들어 본 적 있나요? 편견은 공정하지 못하고 한쪽으로 치우쳐 있는 생각을 말해요. 예를 들어 '인종과 성별에 대한 편견은 버려야 한다.'와 같이 사용해요.

공부한 날짜 월 일 확인

따라 써 볼까?

색	안	경	을		끼	고		보	다	.		

무슨 뜻일까?

주관이나 선입견에 얽매여 좋지 않게 보다.

퀴즈로 풀어 볼까?

ㅅ ㅇ ㄱ 을 끼고 보다.

공감 플러스+

- 실제로 겪어 보지 않은 사람이나 상황에 대해 미리 색안경을 끼고 보는 실수를 한 적이 있나요?

35 손에 땀을 쥐다

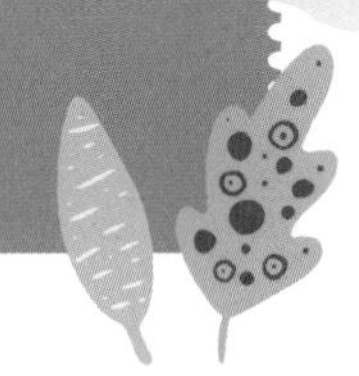

아슬아슬하여 마음이 조마조마하도록 몹시 애달다.

그 말이 그 말이라고?

날짜	10월 5일 화요일	날씨	맑음.

운동회 날의 꽃은 역시 이어달리기다. 운동장 반 바퀴씩 남녀가 번갈아 네 명의 대표 선수가 뛰었다. 초반에 우리 반이 이기고 있다가 1반 친구한테 역전을 당했다. 1반 친구들이 환호했고, 우리 반도 이에 질세라 목이 터져라 응원했다. 마지막 선수는 달리기의 신 하루다. 하루는 앞 선수와 거리를 차츰차츰 줄여갔다. 우리는 손에 땀을 쥐며 하루의 이름을 외쳤고, 하루는 드디어 결승전 테이프를 끊고 들어왔다. 우리는 너무 기뻐서 서로 얼싸안고 하이파이브를 했다. 매일매일 운동회 날이었으면 좋겠다.

한마디로 이렇게?

올림픽 탁구 결승전이 막상막하라서 경기 내내 손에 땀을 쥘 수 밖에 없었어.

한 뼘 플러스+

손과 관련된 관용어를 더 배워 볼까요? '손발이 맞다.'는 어떤 일을 함께할 때 마음이나 의견이 척척 잘 맞는다는 뜻이에요. '손에 익다.'는 여러 번 반복해서 익숙해진다는 뜻, '손끝이 야무지다.'는 일하는 솜씨가 꼼꼼하고 야무지다는 뜻이랍니다.

공부한 날짜 월 일 확인

따라 써 볼까?

손	에		땀	을		쥐	다	.				

무슨 뜻일까?

아슬아슬하여 마음이 조마조마하도록 몹시 애달다.

퀴즈로 풀어 볼까?

손에 [ㄸ] 을 쥐다.

공감 플러스+

- 손에 땀을 쥘 정도로 아슬아슬, 조마조마했던 순간을 떠올려 봐요.

36 손이 맵다

손으로 슬쩍 때려도 몹시 아프다.

그 말이 그 말이라고?

한마디로 이렇게?

그 친구 손이 얼마나 매운지 게임이 끝나고 나니까 등이 얼얼했어.

한 뼘 플러스+

'맵다'는 고추처럼 얼얼한 맛을 표현하기도 하지만 몹시 추운 날씨나 야무진 상태를 말하기도 해요. 그래서 일하는 것이 빈틈없고 야무질 때도 '손이 맵다.'라고 표현하지요. 예를 들어 '우리 선생님이 손이 매워서 수업 자료가 아주 훌륭해. 그래서 선생님 수업을 들으면 이해가 쏙쏙 돼.'라고 쓸 수 있습니다.

따라 써 볼까?

손	이		맵	다	.							

무슨 뜻일까?

손으로 슬쩍 때려도 몹시 아프다.

퀴즈로 풀어 볼까?

손이 ㅁ ㄷ .

공감 플러스+

• 여러분은 손이 매운 편인가요?

37

손이 크다

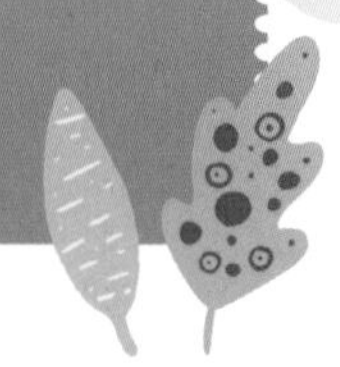

쓰씀이가 크고 넉넉하다.

그 말이 그 말이라고?

아침에 잠에 취해 겨우 일어난 콩심이는 주방 식탁 위를 보고 깜짝 놀랐어요. 식탁 위에는 김밥이 산처럼 쌓여 있었어요. 오늘은 콩심이네 학교 운동회가 있는 날이거든요. 특별한 날이면 콩심이 엄마는 친구들과 나눠 먹으라고 김밥을 아주 넉넉히 싸 주세요. 친구들은 "콩심이네 김밥 진짜 맛있어! 콩심이네 엄마는 손이 커서 너무 좋아."라고 신이 나서 말했어요. 하지만 콩심이는 한숨을 지으며 말했어요. "난 엄마가 김밥 만드는 날이 싫어. 저녁까지 삼시 세끼 김밥만 먹어야 한단 말이야."

한마디로 이렇게?

출장에서 돌아온 아빠의 가방에는 온 가족의 선물이 가득 했어. 우리 아빠는 손이 크거든.

한 뼘 플러스+

여러분은 친구에게 손을 내밀어 본 적이 있나요? '손을 내밀다.'라는 표현에는 세 가지 뜻이 있어요. 첫째, 무엇을 달라고 요구하거나 구걸할 때, 둘째, 도움이나 간섭 따위가 어떤 곳에 미치게 하는 것, 셋째, 친해지기 위해 나설 때에도 '손을 내밀다.'라고 말해요.

공부한 날짜 월 일 확인

따라 써 볼까?

손	이		크	다	.							

무슨 뜻일까?

쓸쓸이가 크고 넉넉하다.

퀴즈로 풀어 볼까?

손이 ㅋ ㄷ .

공감 플러스+

- 주변에 손이 크고 인심이 넉넉한 사람을 만나 본 적이 있나요?

38

숨을 죽이다

숨소리가 들리지 않을 정도로 조용히 하다.

그 말이 그 말이라고?

오늘은 화산이 어떻게 분출되는지 실험해 보는 날이에요. 선생님과 학생들 모두 안전 장치를 마쳤어요. 선생님은 작은 주스 병에 소다와 빨간색 색소를 넣어 고루 섞었어요. 주스 병을 모래 위에 세워 두고, 그 주변을 찰흙으로 감싸 산 모양을 만든 후에 다시 모래로 덮었지요. "모두 주목!" 선생님의 목소리에 친구들은 모두 숨을 죽였어요. 선생님이 스포이드에 식초를 담아, 주스병 입구에 흘려 넣자 친구들은 모두 "와아~!!" 탄성을 질렀어요. 빨간 거품이 부글부글 끓어 오르더니 모래 위로 주르륵 흘러내렸어요. 산 모양을 따라 빨간 용암이 분출된 것이 영락없는 화산 모양이었어요.

두근 두근 두근 두근 두근 두근 두근 두근 두근 두근 두근 두근

한마디로 이렇게?

무서운 얘기를 들을 때, 우리 모두가 숨을 죽이고 이야기에 집중했다.

한 뼘 플러스+

김치를 담글 때 배추나 무를 소금에 절이는 과정이 있어요. 배추나 무 같은 푸성귀에 소금을 뿌리면 농도의 차이로 인해 수분이 빠지면서 삼투압 현상이 일어나요. 그래서 뻣뻣했던 푸성귀가 절여지며 쭈글해지죠. 이렇게 채소의 뻣뻣한 기운을 없애는 것도 '숨을 죽이다.'라고 표현합니다.

공부한 날짜 월 일 확인

따라 써 볼까?

숨	을		죽	이	다	.						

무슨 뜻일까?

숨소리가 들리지 않을 정도로 조용히 하다.

퀴즈로 풀어 볼까?

숨을 [ㅈ ㅇ ㄷ].

공감 플러스+

• 중요한 순간, 어떠한 결과를 숨죽여 기다려 봤나요?

39

얼굴이 두껍다

부끄러움을 모르고 염치가 없다. *염치: 체면을 차릴 줄 알고 부끄러움을 아는 마음.

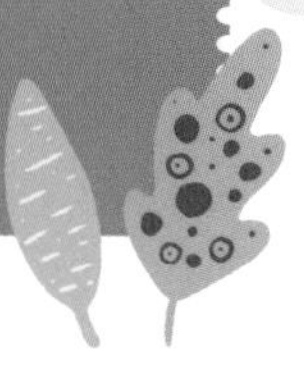

그 말이 그 말이라고?

언니가 정말?
내가 유치원 때 말이야, 유치원 친구 중에 한글을 제일 빨리 깨우쳤다고.
말도 안돼. 언니가 진짜 그랬다고?
내가 유치원 때 말이야, 영어책을 술술 읽어서 온 동네에 소문이 자자했어.
콩심이 얼굴도 두껍구만.
얼굴도 빨개지지 않고 거짓말을 하네?
엄마, 쉿-!
그럼 그렇지~

한마디로 이렇게?

그 사람은 정말 얼굴이 두껍구나. 그런 잘못을 저지르고도 뻔뻔하다니.

한 뼘 플러스+

뻔뻔하고 부끄러움을 모르는 상태를 고사성어로 '후안무치(厚顔無恥)'라고 해요. 예의 없고 겸손하지 못한 사람들을 보고 얼굴이 두꺼워 창피함을 느끼지 못한다며 비꼬는 말이지요. '벼룩에도 낯짝이 있다.'라는 말도 있어요. 아주 작은 벼룩도 양심이 있는데, 사람이 체면이 없어서야 되겠느냐는 뜻을 담고 있어요.

따라 써 볼까?

얼굴이 두껍다.

무슨 뜻일까?

부끄러움을 모르고 염치가 없다.

퀴즈로 풀어 볼까?

얼굴이 ㄷ ㄲ ㄷ .

공감 플러스+

- 잘못을 저지르고도 얼굴 두껍게 행동하는 사람을 주변에서 본 적 있나요?

40 엉덩이가 근질근질하다

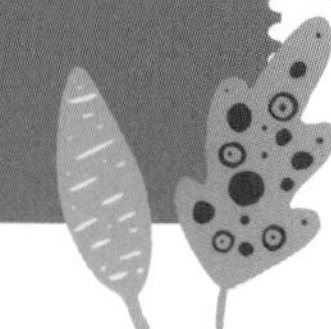

➲ 가만히 앉아 있지 못하고 자꾸 일어나 움직이고 싶어 하다.

그 말이 그 말이라고?

한마디로 이렇게?

수학학원 숙제를 하고 있는데, 밖에서 친구들이 노는 소리가 들려. 공부에 집중이 잘 안되고 엉덩이가 근질근질해.

한 뼘 플러스+

인내심에 대한 표현 중엔 엉덩이와 관련된 관용어가 많아요. '엉덩이가 가볍다.'는 한자리에 오래 있지 못할 때 사용하며, 반대로 한번 자리를 잡고 오래 앉아 있을 때 '엉덩이가 무겁다.'라고 해요. '엉덩이가 무겁다.'는 말은 진득하게 버티는 힘이 있다는 뜻으로 쓰이기도 하지만 어딘가에 너무 오랫동안 눌러앉아 좀처럼 일어나지 않는다는 의미로도 쓰인답니다.

공부한 날짜 월 일 확인

따라 써 볼까?

엉	덩	이	가		근	질	근	질	하	다	.	

무슨 뜻일까?

가만히 앉아 있지 못하고 자꾸 일어나 움직이고 싶어 하다.

퀴즈로 풀어 볼까?

엉덩이가 [ㄱ ㅈ ㄱ ㅈ] 하다.

공감 플러스+

- 가장 엉덩이가 근질근질할 때는 언제인가요?

다음 관용어의 속뜻을 써 봅시다.

❶ 씀씀이가 후하고 크다. 정답 ㅅ 이 크다.

❷ 부끄러움을 모르고 염치가 없다. 정답 얼굴이 ㄷ ㄲ ㄷ .

❸ 주관이나 선입견에 얽매여 좋지 아니하게 보다.

정답 ㅅ ㅇ ㄱ 을 끼고 보다.

❹ 손으로 슬쩍 때려도 몹시 아프다. 정답 손이 ㅁ ㄷ .

❺ 대부분 숨겨져 있고 외부로 보이는 것은 극히 일부분에 지나지 않음.

정답 ㅂ ㅅ 의 일각

다음 괄호에서 바른 맞춤법을 찾아서 ○표 해 봅시다.

❶ (빛, 빗)을 발하다.

❷ 손에 땀을 (쥐다, 죄다).

❸ 비행기를 (태우다, 테우다).

❹ 손이 (맵다, 맵따).

❺ 엉덩이가 (군질군질, 근질근질) 하다.

관용어와 뜻이 어울리는 것을 골라 선긋기를 해 봅시다.

1
빛을 발하다.
2
비행기를 태우다.
3
엉덩이가 근질근질하다.
4
손에 땀을 쥐다.
5
숨을 죽이다.
남을 지나치게 칭찬하거나
높이 치켜세우다.
제 능력이나 값어치를
드러내다.
아슬아슬하여 마음이
조마조마하도록 몹시 애달다.
한군데 가만히
앉아 있지 못하고 자꾸 일어나
움직이고 싶어 하다.
숨소리가 들리지 않을
정도로 조용히 하다.

퀴즈의 정답은 125쪽에 있습니다.

엎질러진 물

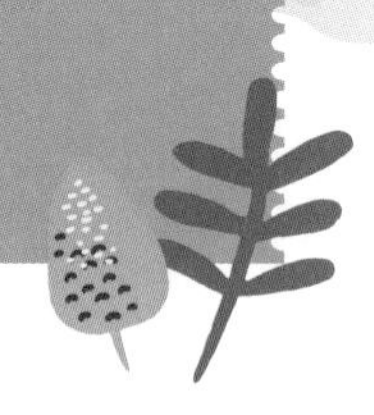

한번 저지른 일은 다시 바로잡거나 돌이킬 수 없음.

그 말이 그 말이라고?

한마디로 이렇게?

이가 너무 아파서 치과에 갔더니 충치 때문이래. 엄마가 아이스크림 많이 먹지 말고 양치도 자주하라고 하셨는데. 이제 와서 후회해 봤자 엎질러진 물이네.

한 뼘 플러스+

'엎질러진 물'과 아주 유사한 영어식 표현이 있어요. 'Don't cry over spilt milk.' 라고 하지요. 이미 엎질러진 우유를 두고 울어 봤자 소용없다는 뜻이에요. 그리고 '소 잃고 외양간 고친다.'는 속담도 이미 일이 잘못된 후에는 후회해도 소용없다는 뜻이랍니다.

공부한 날짜 월 일 확인

따라 써 볼까?

엎	질	러	진		물	.						

무슨 뜻일까?

한번 저지른 일은 다시 바로잡거나 돌이킬 수 없음.

퀴즈로 풀어 볼까?

ㅇ ㅈ ㄹ ㅈ 물

공감 플러스+

- 내 실수 때문에 엎질러진 물과 같은 상황을 만든 적이 있나요?

42 이를 갈다

매우 분하고 화가 나서 마음을 굳게 먹고 기회를 엿본다.

그 말이 그 말이라고?

오늘은 콩심이에게 결전의 날이에요. 지난주에 콩심이가 수학 단원 평가에서 충격적인 점수를 받았거든요. 그리고 오늘은 선생님께서 다시 볼 수 있는 기회를 주신 날이에요. 지난 일주일 동안 콩심이는 매일 이를 갈며 세 자리수 곱셈 풀기 연습을 했어요. 오늘 콩심이의 시험 성적은 어땠을까요? 두구두구……. 무려 100점을 맞았어요! 콩심이도 놀라고, 선생님도 놀란 눈치세요. 그런데 이 기쁨도 잠시! 바로 내일은 세 자리수 나눗셈 시험이 있는 날이네요.

한마디로 이렇게?

토끼의 괘씸한 거짓말에 속은 호랑이는 복수하기 위해 이를 갈았어요.

한 뼘 플러스+

초등 저학년 무렵이 되면 앞니가 빠지는 경험을 하게 돼죠. 아기 때 처음 났던 배냇니가 흔들려서 빠지고 어른이 돼서 사용하게 될 튼튼한 이가 새로 날 때도 '이를 갈다.'라고 말해요. 그리고 잠자면서 아랫니와 윗니를 꽉 깨물고 문질러 바득바득 소리를 내는 버릇을 가진 사람이 있는데 이 때도 '이를 갈다.'라고 씁니다.

공부한 날짜 월 일 확인

따라 써 볼까?

이를 갈다.

무슨 뜻일까?

매우 분하고 화가 나서 마음을 굳게 먹고 기회를 엿본다.

퀴즈로 풀어 볼까?

이를 ㄱ ㄷ .

공감 플러스+

- 분하고 억울한 일을 겪은 후, 이를 갈며 기회를 엿본 적이 있나요?

43 찬물을 끼얹다

▶ 잘되고 있는 일의 분위기를 흐리거나 트집 잡아 훼방하다.

그 말이 그 말이라고?

한마디로 이렇게?

가족들과 여행가는 차 안에서 나랑 오빠는 최신 아이돌 노래를 불렀는데, 갑자기 아빠가 알 수 없는 트로트를 부르면서 신났던 분위기에 찬물을 확 끼얹으셨다.

한 뼘 플러스+

이 관용어는 원래 짝짓기 하는 강아지들을 떼어 놓을 때 쓰던 표현이라고 해요. 강아지가 짝짓기를 할 때, 주인은 억지로 떼어 놓기 위해 차가운 물을 확 끼얹곤 했거든요. 강아지들이 화들짝 놀라며 모든 상황이 끝났기 때문에 이런 관용어가 생겼다고 해요.

따라 써 볼까?

찬	물	을		끼	얹	다	.					

무슨 뜻일까?

잘되고 있는 일의 분위기를 흐리거나 트집 잡아 훼방하다.

퀴즈로 풀어 볼까?

ㅊ ㅁ 을 끼얹다.

공감 플러스+

- 어떤 상황에서 한창 분위기 좋았는데 찬물을 끼얹은 사람이 있나요?

코가 납작해지다

몹시 무안을 당하거나 기가 죽다. *무안: 수줍거나 창피하여 볼 수가 없음

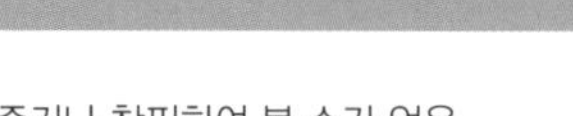

그 말이 그 말이라고?

지난번 이어달리기 시합 때
너무 아슬아슬하게 졌어.

맞아! 그날 이후 1반 애들이
콧대가 높아졌다니까.

너희들 모두 시합 준비는
잘하고 있지?

당연하지! 난 매일 강아지랑
한 시간씩 뛰고 있어.

난 휴지심으로
바통까지 만들었어.

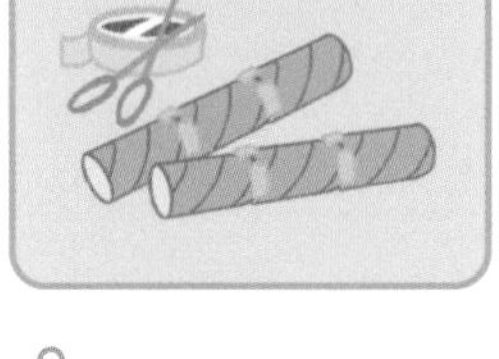

이걸로 내일
바통 연습할 수 있어.

난 근육을 튼튼하게 하기 위해
고기를 먹고 있어.

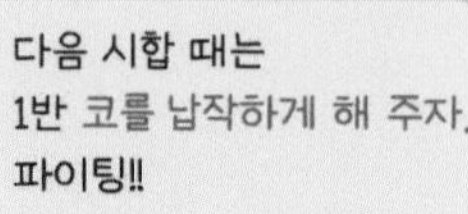

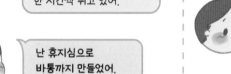

다음 시합 때는
1반 코를 납작하게 해 주자.
파이팅!!

한마디로 이렇게?

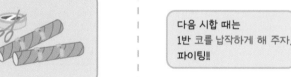

우리나라 선수가 배드민턴 종목에서 금메달을 목에 걸었잖아. 상대편의 코를 납작하게 하는 한판 승부였어.

한 뼘 플러스+

'코가 납작해지다.'와 비슷한 표현으로 '코가 빠지다.'도 있어요. 두 표현 모두 근심에 쌓여 기가 죽고 맥이 빠질 때 사용한답니다. '항상 의기양양하고 당당했던 사람인데, 시험에 떨어지더니 코가 쑥 빠졌어.' 처럼 사용할 수 있어요.

따라 써 볼까?

코가 납작해지다.

무슨 뜻일까?

몹시 무안을 당하거나 기가 죽다.

퀴즈로 풀어 볼까?

코가 ㄴ ㅈ 해지다.

공감 플러스+

- 내 코가 납작해졌던 경험, 혹은 남의 코를 납작하게 해 줬던 경험이 있나요?

45 파김치가 되다

몹시 지쳐서 나른하게 되다.

그 말이 그 말이라고?

날짜	9월 17일 추석	날씨	달이 밝다.

제목: 엄마 아빠가 파김치가 됐어요.

추석이라 할머니 할아버지 댁에 다녀왔다. 오랜만에 사촌들도 만나서 반갑게 놀고, 어른들이 맛있는 거 사 먹으라고 용돈도 주셨다. 외갓집도 다녀왔다. 맛있는 음식 때문에 내 배는 빵빵해지고, 지갑은 더 빵빵해졌다. 나한테는 마냥 즐겁기만 한 추석이다. 그런데 엄마 아빠는 마냥 즐겁지는 않은가 보다. 두 분은 집에 도착하자마자 소파에 누워 늘어진 채 한동안 꼼짝도 못하셨다. 오랜 시간 운전을 하느라, 가족들 음식 준비하느라 바빴던 엄마 아빠는 집에 도착하자 완전 파김치가 되어 버린 모양이다.

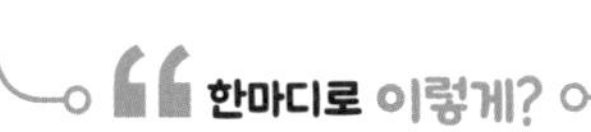

한마디로 이렇게?

방과 후에 친구들과 함께 장기자랑 댄스 안무를 짜느라 저녁 땐 완전히 파김치가 된 하루였어.

한 뼘 플러스+

백합과의 여러해살이 식물인 파는 다양한 요리에 쓰여요. 그런데 파를 김치로 담그면 축 늘어지고 흐물거려서 힘없는 모습을 보이는 사람에게도 '파김치가 되다.'라고 해요. '녹초가 되다.' 라는 표현도 자주 쓰이는데 '녹은 초'처럼 흐물흐물해져 보잘 것 없는 상태일 때 사용해요.

공부한 날짜

월 일 확인

따라 써 볼까?

파	김	치	가		되	다	.					

무슨 뜻일까?

몹시 지쳐서 나른하게 되다.

퀴즈로 풀어 볼까?

ㅍ ㄱ ㅊ 가 되다.

공감 플러스+

• 최근 너무 힘들어서 파김치가 되었던 일이 있었나요?

46 척하면 삼천리

상대편의 의도나 돌아가는 상황을 재빠르게 알아차림.

그 말이 그 말이라고?

한마디로 이렇게?

얼마전 우리집은 유기견을 입양했어. 그 소식을 들은 내 짝꿍은 강아지에 대한 정보가 가득 담긴 책을 빌려주었어. 내 짝꿍은 척하면 삼천리, 강아지 박사더라고.

한 뼘 플러스+

'리'는 과거 거리를 측정하던 단위예요. 함경도 북쪽 끝에서 제주도 남쪽 끝까지의 거리가 삼천 리 정도 되었다고 해요. '척하면 삼천리'라는 말은 어떤 일을 하거나 또는 어떤 일을 알아볼 때 우리나라 방방곡곡의 일을 모두 다 알고 있는 것처럼 모든 면에서 꿰뚫고 있다는 것에서 유래되었다고 해요.

공부한 날짜 월 일 확인

따라 써 볼까?

척 하 면 　 삼 천 리 .

무슨 뜻일까?

상대편의 의도나 돌아가는 상황을 재빠르게 알아차림.

퀴즈로 풀어 볼까?

척하면 ㅅ ㅊ ㄹ

공감 플러스+

• 척하면 삼천리, 눈치 있게 주변 상황을 잘봐 가면서 행동하는 친구는 누구인가요?

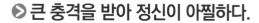

하늘이 노랗다

큰 충격을 받아 정신이 아찔하다.

그 말이 그 말이라고?

콩심이가 머리는 풀어헤치고, 양말을 짝짝이로 신은 채 허둥지둥 달려가고 있어요. 콩심이는 어제도 그제도 연속 지각을 했어요. 어제 선생님께서 또 지각하면 일주일 동안 교실 청소를 시킨다고 하셨거든요. 최선을 다해 뛰어서 교문 앞에 도착했지만 이미 늦었어요. 콩심이는 하늘이 노래지는 것 같았어요. 뛰어오느라 가빠진 숨을 고르며 교실로 향하는데, 뒤에서 뛰어오는 발소리가 들렸어요. 뒤를 돌아보니 하나였어요. 하나를 보고 나니 노래졌던 하늘이 갑자기 밝아지는 기분이었어요.

한마디로 이렇게?

음악 리코더 시험 일정이 일주일 앞당겨졌어. 당장 내일인데 나는 연습도 안 했고, 제대로 불지도 못해서 하늘이 노래졌어.

한 뼘 플러스+

'하늘이 캄캄하다.'도 '하늘이 노랗다.'와 같은 의미로 쓰이는 관용어예요. '내일까지 선생님께서 내 주신 숙제를 다 마쳐야 하는데, 밤 9시가 되어서야 시작하다니 하늘이 캄캄해지는 거 같았어요.'와 같이 사용할 수 있어요. 그 밖에 '하늘이 무너지다.'는 말도 몹시 절망적이고 괴로운 상황에 처했을 때 사용합니다.

공부한 날짜 월 일 확인

따라 써 볼까?

하 늘 이 노 랗 다 .

무슨 뜻일까?

큰 충격을 받아 정신이 아찔하다.

퀴즈로 풀어 볼까?

하늘이 ㄴ ㄹ ㄷ .

공감 플러스+

• 큰 충격으로 하늘이 노래졌던 경험이 있다면 간단히 써 보아요.

48 허리띠를 졸라매다

검소한 생활을 하다.

그 말이 그 말이라고?

한마디로 이렇게?

최근에 우리나라가 세금으로 거둬들이는 수입이 줄어들어 이제는 허리띠를 졸라매고 나라의 재정을 튼튼하게 만들어야 한다고 선생님이 말씀하셨어.

한 뼘 플러스+

옛날, 먹을 것이 부족하던 시절, 해마다 음력 4월경이 되면 오래된 곡식은 다 먹어 없어지고 보리는 아직 익지 않아 먹을 게 없었다고 해요. 이 시기 농촌에서는 풀뿌리 등을 먹으며 지냈지요. 워낙 힘들어 마치 큰 고개를 넘는 것 같다 하여 '보릿고개'라는 이름이 생겼어요. 이 때는 모두 허리띠를 졸라매야 했답니다.

따라 써 볼까?

허	리	띠	를		졸	라	매	다	.			

무슨 뜻일까?

검소한 생활을 하다.

퀴즈로 풀어 볼까?

ㅎ ㄹ ㄸ 를 졸라매다.

공감 플러스+

- 여러분이 절약하며 허리띠를 졸라매야 하는 상황은 어떤 경우일까요?

49

허파에 바람 들다

실없이 행동하거나 지나치게 웃어 대다.

그 말이 그 말이라고?

한마디로 이렇게?

오늘 네 동생 무슨 일 있어? 하루 종일 허파에 바람 든 사람처럼 이유 없이 계속 웃네.

한 뼘 플러스+

허파는 우리의 내장기관 폐의 다른 말이에요. 사실 호흡을 하는 기관인 폐에 공기가 차는 건 자연스러운 현상이겠지요? 허파와 관련된 또다른 표현으로 '허파 줄이 끊어졌나.'도 있어요. 시시덕거리거나 수군대는 사람을 비꼬는 말이랍니다.

따라 써 볼까?

허	파	에		바	람		들	다	.			

무슨 뜻일까?

실없이 행동하거나 지나치게 웃어 대다.

퀴즈로 풀어 볼까?

허파에 [ㅂ ㄹ] 들다.

공감 플러스+

- 허파에 바람 든 것처럼 웃음을 멈출 수 없었던 상황이 있었나요?

꽁무니를 빼다

슬그머니 피하여 물러나다.

그 말이 그 말이라고?

맛있겠다.
나 한입만 주라.
딱 한입이다.
라면 먹을 때는
총각김치랑 먹어야지.
맞다맞다!
총각김치 가져와야지.
언니~!!
딱 한입이라고 했잖아!!
다 먹고 꽁무니를
빼는 거야?
미안, 동생아.
라면 잘 먹었다.

한마디로 이렇게?

엄마가 우리들에게 집안 청소 좀 도와달라고 하자, 언니는 친구들과 약속이 있다며 꽁무니를 빼고 달아났어요.

한 뼘 플러스+

꽁무니는 원래 신체 중에서 엉덩이를 중심으로 한 뒷부분을 뜻해요. 사람은 진화하며 꼬리가 없어졌지만 척추 아랫부분에 꼬릿뼈가 남아 있어요. 꽁무니와 관련된 또 다른 관용어로 '꽁무니를 따라다니다.'가 있어요. 이는 이익을 바라고 누군가를 부지런히 바싹 따라다닐 때 사용해요.

공부한 날짜 월 일 확인

따라 써 볼까?

꽁무니를 빼다.

무슨 뜻일까?

슬그머니 피하여 물러나다.

퀴즈로 풀어 볼까?

ㄲ ㅁ ㄴ 를 빼다.

공감 플러스+

- 꽁무니를 빼다가 부모님이나 친구에게 싫은 소리 들은 경험이 있나요?

다음 관용어의 속뜻을 써 봅시다.

❶ 상대편의 의도나 돌아가는 상황을 재빠르게 알아차림을 비유적으로 이르는 말.

정답 척하면 ㅅ ㅊ ㄹ

❷ 검소한 생활을 하다. 정답 ㅎ ㄹ ㄸ 를 졸라 매다.

❸ 몹시 지쳐서 나른하게 되다. 정답 ㅍ ㄱ ㅊ 가 되다.

❹ 슬그머니 피하여 물러나다. 정답 ㄲ ㅁ ㄴ 를 빼다.

❺ 몹시 무안을 당하거나 기가 죽다. 정답 코가 ㄴ ㅈ 해지다.

다음 괄호에서 바른 맞춤법을 찾아서 ○표 해 봅시다.

❶ 찬물을 (끼언다, 끼얹다).

❷ 하늘이 (노랗다, 노라타).

❸ 꽁무니를 (빼다, 뻬다).

❹ (엎질러진, 업질러진) 물

❺ 허리띠를 (졸라매다, 졸라메다).

관용어와 뜻이 어울리는 것을 골라 선긋기를 해 봅시다.

1
찬물을 끼얹다.
2
허파에 바람 들다.
3
하늘이 노랗다.
4
엎질러진 물.
5
이를 갈다.
큰 충격을 받아
정신이 아찔하다.
실없이 행동하거나
지나치게 웃어 대다.
잘되고 있는 일의
분위기를 흐리거나
트집 잡아 훼방하다.
한번 저지른 일은
다시 바로잡거나 돌이킬 수
없음을 이르는 말.
매우 분하고 화가 나서
마음을 굳게 먹고
기회를 엿본다.

퀴즈의 정답은 125쪽에 있습니다.

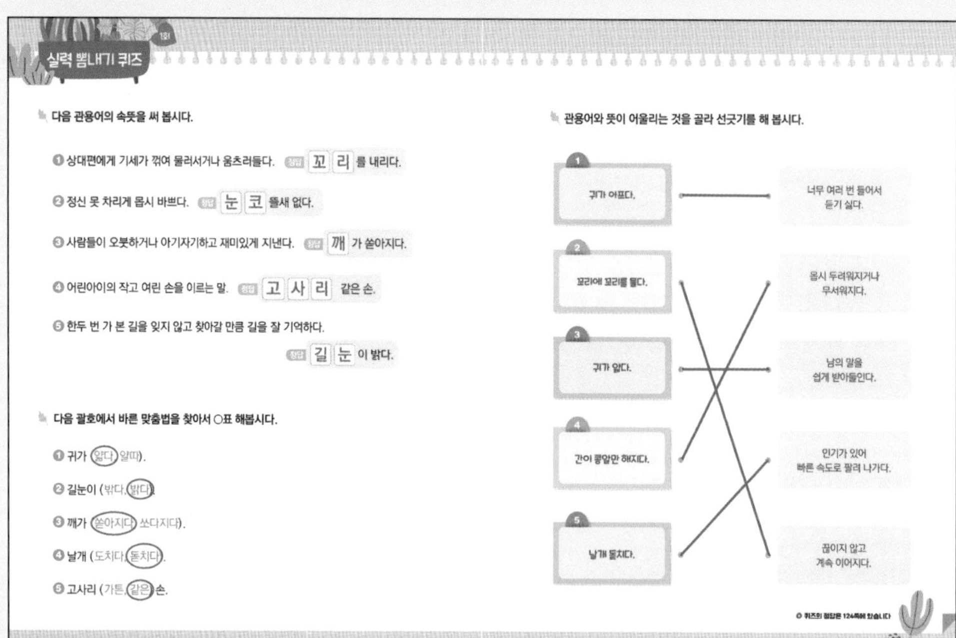
1회

실력 뽐내기 퀴즈

다음 관용어의 속뜻을 써 봅시다.

① 상대편에게 기세가 꺾여 물러서거나 움츠러들다. 정답 꼬 리 를 내리다.

② 정신 못 차리게 몹시 바쁘다. 정답 눈 코 뜰새 없다.

③ 사람들이 오붓하거나 아기자기하고 재미있게 지낸다. 정답 깨 가 쏟아지다.

④ 어린아이의 작고 여린 손을 이르는 말. 정답 고 사 리 같은 손.

⑤ 한두 번 가 본 길을 잊지 않고 찾아갈 만큼 길을 잘 기억하다. 정답 길 눈 이 밝다.

다음 괄호에서 바른 맞춤법을 찾아서 ○표 해봅시다.

① 귀가 (얇다, 얄따).

② 길눈이 (박다, 밝다).

③ 깨가 (쏟아지다, 쏘다지다).

④ 날개 (도치다, 돋치다).

⑤ 고사리 (가튼, 같은) 손.

관용어와 뜻이 어울리는 것을 골라 선긋기를 해 봅시다.

1 귀가 아프다. — 너무 여러 번 들어서 듣기 싫다.

2 꼬리에 꼬리를 물다. — 끊이지 않고 계속 이어지다.

3 귀가 얇다. — 남의 말을 쉽게 받아들인다.

4 간이 콩알만 해지다. — 몹시 두려워지거나 무서워지다.

5 날개 돋치다. — 인기가 있어 빠른 속도로 팔려 나가다.

퀴즈의 정답은 124쪽에 있습니다

34~35쪽

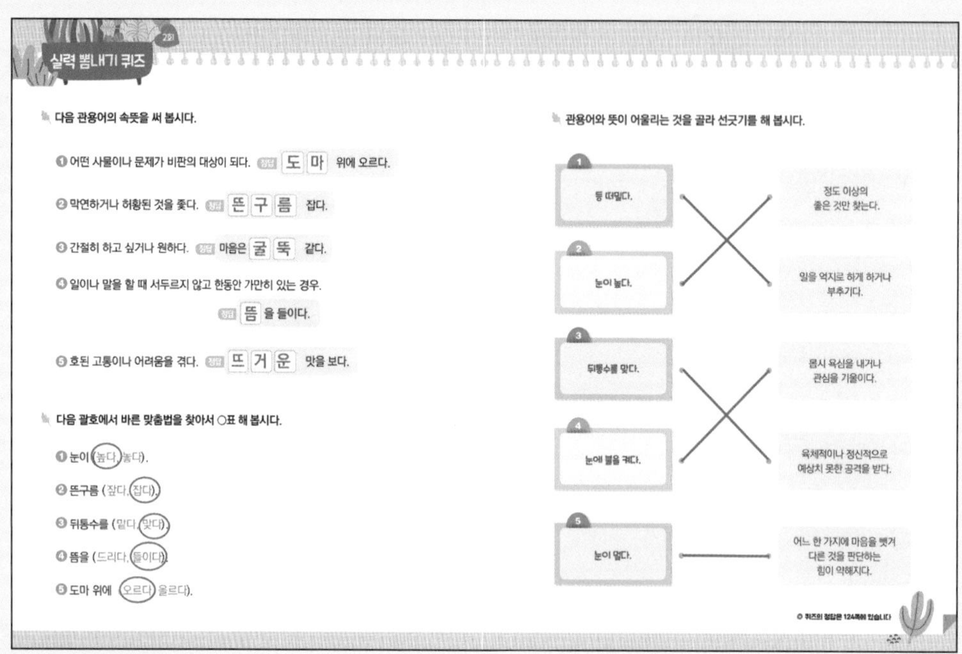
2회

실력 뽐내기 퀴즈

다음 관용어의 속뜻을 써 봅시다.

① 어떤 사물이나 문제가 비판의 대상이 되다. 정답 도 마 위에 오르다.

② 막연하거나 허황된 것을 좇다. 정답 뜬 구 름 잡다.

③ 간절히 하고 싶거나 원하다. 정답 마음은 굴 뚝 같다.

④ 일이나 말을 할 때 서두르지 않고 한동안 가만히 있는 경우. 정답 뜸 을 들이다.

⑤ 호된 고통이나 어려움을 겪다. 정답 뜨 거 운 맛을 보다.

다음 괄호에서 바른 맞춤법을 찾아서 ○표 해 봅시다.

① 눈이 (높다, 놉다).

② 뜬구름 (잡다, 잡다).

③ 뒤통수를 (맏다, 맞다).

④ 뜸을 (드리다, 들이다).

⑤ 도마 위에 (오르다, 올르다).

관용어와 뜻이 어울리는 것을 골라 선긋기를 해 봅시다.

1 등 떠밀다. — 일을 억지로 하게 하거나 부추기다.

2 눈이 높다. — 정도 이상의 좋은 것만 찾는다.

3 뒤통수를 맞다. — 육체적이나 정신적으로 예상치 못한 공격을 받다.

4 눈에 불을 켜다. — 몹시 욕심을 내거나 관심을 기울이다.

5 눈이 멀다. — 어느 한 가지에 마음을 뺏겨 다른 것을 판단하는 힘이 약해지다.

퀴즈의 정답은 124쪽에 있습니다

56~57쪽

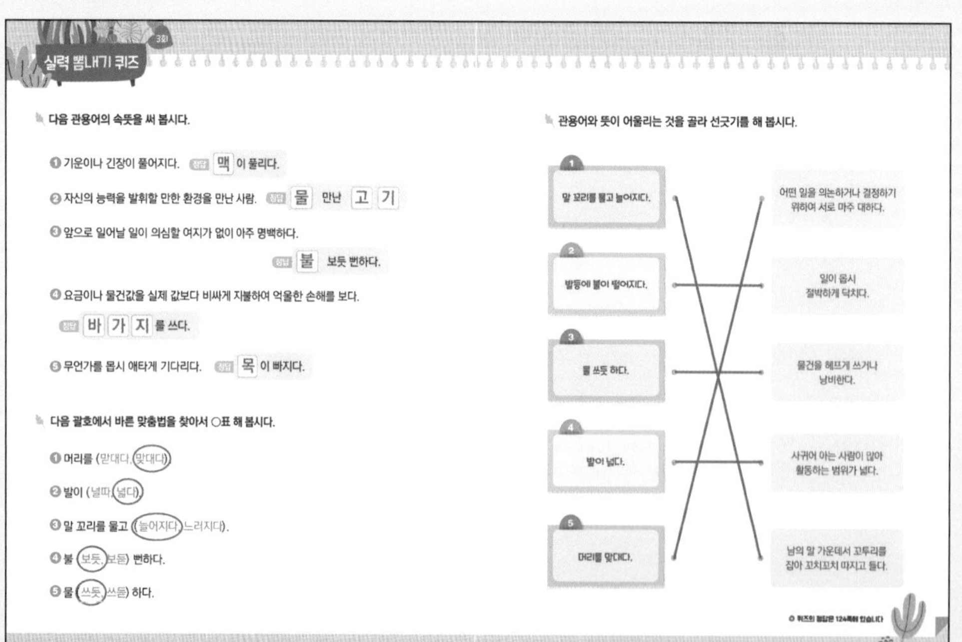
3회

실력 뽐내기 퀴즈

다음 관용어의 속뜻을 써 봅시다.

① 기운이나 긴장이 풀어지다. 정답 맥 이 풀리다.

② 자신의 능력을 발휘할 만한 환경을 만난 사람. 정답 물 만난 고 기

③ 앞으로 일어날 일이 의심할 여지가 없이 아주 명백하다. 정답 불 보듯 뻔하다.

④ 요금이나 물건값을 실제 값보다 비싸게 지불하여 억울한 손해를 보다. 정답 바 가 지 를 쓰다.

⑤ 무언가를 몹시 애타게 기다리다. 정답 목 이 빠지다.

다음 괄호에서 바른 맞춤법을 찾아서 ○표 해 봅시다.

① 머리를 (맏대다, 맞대다).

② 발이 (널따, 넓다).

③ 말 꼬리를 물고 (늘어지다, 느러지다).

④ 불 (보듯, 보듣) 뻔하다.

⑤ 물 (쓰듯, 쓰듣) 하다.

관용어와 뜻이 어울리는 것을 골라 선긋기를 해 봅시다.

1 말 꼬리를 물고 늘어지다. — 남의 말 가운데서 꼬투리를 잡아 꼬치꼬치 따지고 들다.

2 발등에 불이 떨어지다. — 일이 몹시 절박하게 닥치다.

3 물 쓰듯 하다. — 물건을 헤프게 쓰거나 낭비한다.

4 발이 넓다. — 사귀어 아는 사람이 많아 활동하는 범위가 넓다.

5 머리를 맞대다. — 어떤 일을 의논하거나 결정하기 위하여 서로 마주 대하다.

퀴즈의 정답은 124쪽에 있습니다

78~79쪽

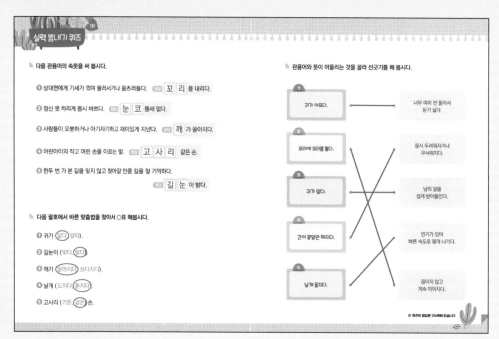

100~101쪽

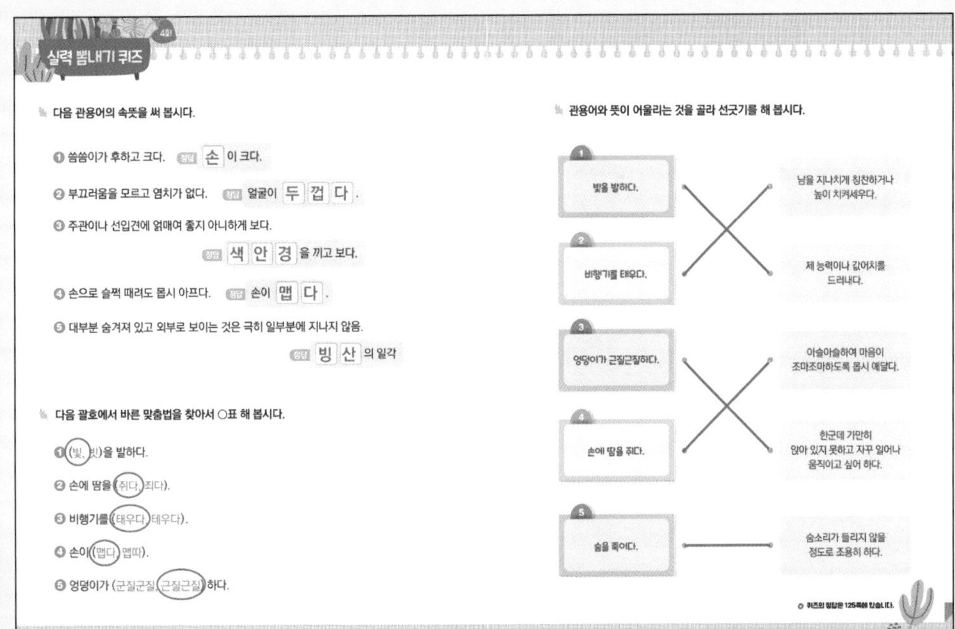
4회

실력 뽐내기 퀴즈

다음 관용어의 속뜻을 써 봅시다.

❶ 씀씀이가 후하고 크다. 정답 손 이 크다.

❷ 부끄러움을 모르고 염치가 없다. 정답 얼굴이 두 껍 다.

❸ 주관이나 선입견에 얽매여 좋지 아니하게 보다. 정답 색 안 경 을 끼고 보다.

❹ 손으로 슬쩍 때려도 몹시 아프다. 정답 손이 맵 다.

❺ 대부분 숨겨져 있고 외부로 보이는 것은 극히 일부분에 지나지 않음. 정답 빙 산 의 일각

다음 괄호에서 바른 맞춤법을 찾아서 ○표 해 봅시다.

❶ (빛, 빚)을 발하다.

❷ 손에 땀을 (쥐다, 죄다).

❸ 비행기를 (태우다, 테우다).

❹ 손이 (맵다, 맵따).

❺ 엉덩이가 (군질군질, 근질근질) 하다.

관용어와 뜻이 어울리는 것을 골라 선긋기를 해 봅시다.

1. 빛을 발하다. — 제 능력이나 값어치를 드러내다.
2. 비행기를 태우다. — 남을 지나치게 칭찬하거나 높이 치켜세우다.
3. 엉덩이가 근질근질하다. — 한군데 가만히 앉아 있지 못하고 자꾸 일어나 움직이고 싶어 하다.
4. 손에 땀을 쥐다. — 아슬아슬하여 마음이 조마조마하도록 몹시 애달다.
5. 숨을 죽이다. — 숨소리가 들리지 않을 정도로 조용히 하다.

○ 퀴즈의 정답은 125쪽에 있습니다.

122~123쪽

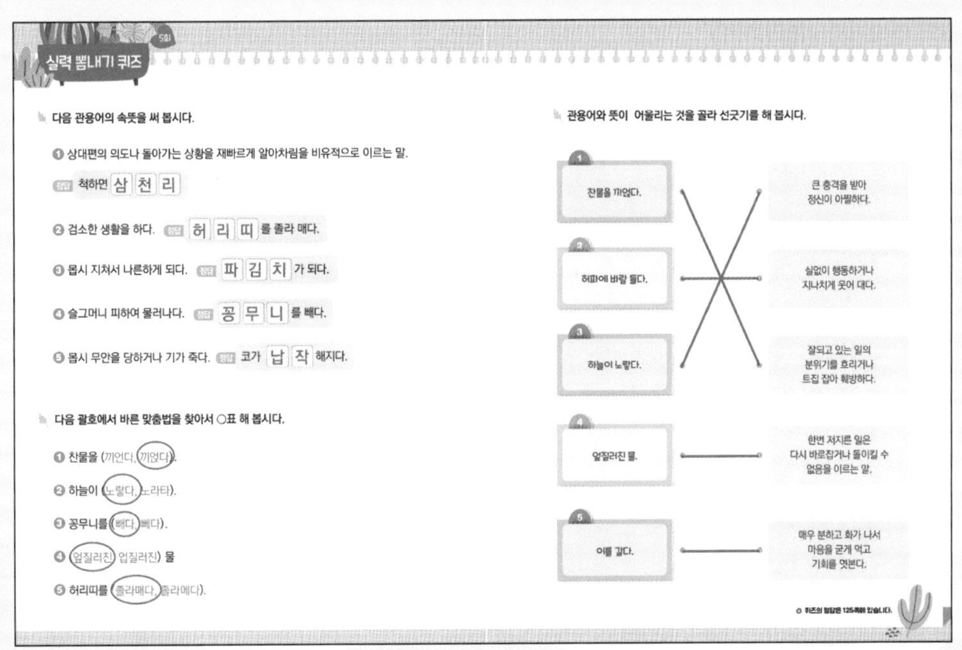
5회

실력 뽐내기 퀴즈

다음 관용어의 속뜻을 써 봅시다.

❶ 상대편의 의도나 돌아가는 상황을 재빠르게 알아차림을 비유적으로 이르는 말.
정답 척하면 삼 천 리

❷ 검소한 생활을 하다. 정답 허 리 띠 를 졸라 매다.

❸ 몹시 지쳐서 나른하게 되다. 정답 파 김 치 가 되다.

❹ 슬그머니 피하여 물러나다. 정답 꽁 무 니 를 빼다.

❺ 몹시 무안을 당하거나 기가 죽다. 정답 코가 납 작 해지다.

다음 괄호에서 바른 맞춤법을 찾아서 ○표 해 봅시다.

❶ 찬물을 (끼언다, 끼얹다).

❷ 하늘이 (노랗다, 노라타).

❸ 꽁무니를 (빼다, 뻬다).

❹ (엎질러진, 업질러진) 물

❺ 허리띠를 (졸라매다, 졸라메다).

관용어와 뜻이 어울리는 것을 골라 선긋기를 해 봅시다.

1. 찬물을 끼얹다. — 잘되고 있는 일의 분위기를 흐리거나 트집 잡아 훼방하다.
2. 허파에 바람 들다. — 실없이 행동하거나 지나치게 웃어 대다.
3. 하늘이 노랗다. — 큰 충격을 받아 정신이 아찔하다.
4. 엎질러진 물. — 한번 저지른 일은 다시 바로잡거나 돌이킬 수 없음을 이르는 말.
5. 이를 갈다. — 매우 분하고 화가 나서 마음을 굳게 먹고 기회를 엿본다.

○ 퀴즈의 정답은 125쪽에 있습니다.